D1855078

ullstein

Das Buch

Hennes Bender ist der inoffizielle Kulturbotschafter des Ruhrgebiets. Seine Ausführungen sind Liebeserklärung und Abrechnung zugleich. Wussten Sie zum Beispiel, dass der Autor elf Jahre lang über Horst Schimanski gewohnt hat? Dass Russell Crowe sich bei der Oscar-Verleihung bei einem Recklinghauser Bodybuilder bedankt hat? Und was macht Arafat eigentlich im Grugabad? Hennes Bender präsentiert die charmanten und bisweilen seltsamen Eigenheiten seiner Landsleute: sprachliche Perlen, kulinarische Hochgenüsse oder eigentümliches Städtemarketing. Ein großes Lesevergnügen mit dem feinen Sprachwitz des Ruhrpotts und Zeichnungen vom Autor. Glückauf.

»The party bomb of German humour«

TimeOut Hongkong

Der Autor

Hennes Bender wurde 1968 in Bochum geboren und ist dort geblieben. Freiwillig. Er studierte in seiner Heimatstadt Theater-, Film- und Fernsehwissenschaften, debütierte im Schauspielhaus Bochum als Hamlet und wurde irgendwann Komiker. 2001 wurde er von der Stadt Herne zu »Tegtmeiers Erbe« gekürt. 2004 und 2007 gewann er den Deutschen Comedypreis. Ab und zu tritt er im Fernsehen auf. Aber am liebsten ist er auf Tour. Seine Auftritte führten ihn nicht nur durch ganz Deutschland, sondern auch in die Schweiz, nach Österreich, Bielefeld, New York und sogar nach Hongkong. Bender ist mit der Komikerin und Autorin Fritzi Bender glücklich verheiratet, hat keine Kinder, dafür aber mehrere Gitarren.

HENNES BENDER

KOMMA LECKER BEI MICH BEI

Kleines Ruhrpott-Lexikon

Mit Zeichnungen vom Autor

Dir Thorsten!
Glück Auf
Hennes Bender

Ullstein

Besuchen Sie uns im Internet:
www.ullstein-taschenbuch.de

Wir danken allen Rechteinhabern für die Erlaubnis zum Abdruck. Trotz intensiver Bemühungen war es nicht möglich, alle Rechteinhaber zu ermitteln. Wir bitten diese, sich an den Verlag zu wenden.

Mix
Produktgruppe aus vorbildlich bewirtschafteten Wäldern und anderen kontrollierten Herkünften
www.fsc.org Zert.-Nr. GFA-COC-001278
© 1996 Forest Stewardship Council
FSC

Dieses Taschenbuch wurde auf FSC-zertifiziertem Papier gedruckt. FSC (Forest Stewardship Council) ist eine nichtstaatliche, gemeinnützige Organisation, die sich für eine ökologische und sozialverantwortliche Nutzung der Wälder unserer Erde einsetzt.

Originalausgabe im Ullstein Taschenbuch
1. Auflage Dezember 2009
5. Auflage 2010
© Ullstein Buchverlage GmbH, Berlin 2009
Umschlaggestaltung: HildenDesign, München
Titelabbildung: © Martin Huch; © FrankvandenBergh/iStockphoto (Schild)
Satz: KompetenzCenter, Mönchengladbach
Gesetzt aus der Sabon
Papier: Munken Print Cream
von Arctic Paper Mochenwangen GmbH
Druck und Bindearbeiten: CPI – Ebner & Spiegel, Ulm
Printed in Germany
ISBN 978-3-548-37321-8

»I'd rather be hated for who I am,
than loved for who I am not.«
Kurt Cobain

Dieses Buch ist meiner Frau Fritzi gewidmet. Danke, dass du es mit mir aushältst!

Außerdem möchte ich mich bei meinen Eltern Lydia und Günther Bender dafür bedanken, dass sie sich damals entschieden haben, nach Bochum zu ziehen. Sonst wäre ich in Rüsselsheim geboren worden. Danke dafür. Ich vermisse euch. Bis die Tage.

WARUM ICH DIESES BUCH GESCHRIEBEN HABE

Ich weiß nicht, wie viele Menschen mich in den letzten Jahren gefragt haben: »Und wann schreibst DU endlich ein Buch?« Offenbar gehört es zu den Pflichten eines Komikers, nach Bühnenprogrammen, digitalen Ton- und Bildträgern irgendwann auch mal ein gedrucktes Werk auf den Markt zu schmeißen. Was für eine Art Buch konnte ich meiner Leserschaft zumuten? Und konnte ich meine eigenen hohen Ansprüche an ein solches Werk selber erfüllen? Was für ein Buch sollte das überhaupt werden? Ein Gedichtband? Nö! Ein Comedyroman? Davon gibt es ja wohl mehr als genug. Ein Kochbuch? Bitte nicht, denn ich koche höchst ungern und wenn, dann nicht besonders gut.

Mir war schnell klar, dass ich ein Buch mit einem gewissen Gebrauchswert schreiben wollte, es sollte für irgendwas hilfreich sein und zu einem Thema, mit dem ich mich wirklich gut auskenne. Was läge also näher, als über das Ruhrgebiet zu schreiben? Immerhin lebe ich seit über vierzig Jahren im Pott und habe damit den wohl größten Teil meines Lebens hier verbracht. Ein guter Zeitpunkt also für eine persönliche Zwischenbilanz, bei der ich nebenbei auch gleich noch mit ein paar Klischees aufräumen kann, mit denen wir Ruhrgebietsmenschen immer wieder konfrontiert werden. Ein persönlicher Reiseführer ins Land der Kohle und der Kultur. Und da sich das Ruhrgebiet eifrig auf das »Europäische Kulturhauptstadtjahr 2010« vorbereitet, passt das Buch perfekt in die Zeit. Grund genug also, um mal ein paar Fragen zu stellen und ein paar Dinge ins rechte Licht zu rücken. Ich bin ja dafür bekannt, verbal immer sehr direkt und ohne Umschweife ans Werk zu gehen, eine Tugend, die dem Ruhrgebietsmensch generell nachgesagt wird. Damit trete ich meinen Mitmenschen gelegentlich auf die Füße. Ich möchte mich an dieser Stelle NICHT dafür entschuldigen. Manchmal tut die Wahrheit eben weh. Und ich bin hier auch nur der Überbringer der schlechten Botschaften, verbockt haben den Salat andere. Wenn ich Ihnen mit meiner Art zu laut bin, dann lesen Sie eben etwas leiser.

Ich habe bei der Arbeit an diesem Buch viel gelernt, über mich selbst, aber natürlich vor allem über die Gegend, in der ich lebe. Und mir wurde klar, dass dieses Buch eigentlich niemals fertig werden kann und nur eine Momentaufnahme ist, denn das Ruhrgebiet verändert sich in einer so rasenden Geschwindigkeit, dass selbst wir Bewohner kaum mitkommen. Eines wurde mir aber sehr bewusst: Für mich ist das Revier die lebenswerteste Region, die ich kenne. Das Ruhrgebiet ist vielleicht nicht immer schön. Aber interessant.

Der Titel des Buches ist übrigens ein geflügeltes Wort bei uns im Pott. Es fordert dazu auf, sich dem Protagonisten zu nähern. Im Falle dieser Publikation sind damit sowohl der Autor selbst als auch das Ruhrgebiet gemeint. Dieser Satz ist also keine plumpe Anmache, sondern eine ernstgemeinte Einladung, sich das Ruhrgebiet mal aus meinem Blickwinkel etwas näher anzuschauen. Und eins kann ich versprechen: Es lohnt sich!

A

A40

Die Autobahn A40, die von Dortmund bis nach Venlo führt, wird auch gerne Ruhrschnellweg genannt – eine nach meiner Ansicht höchst zynische Bezeichnung. Schnell geht hier nämlich gar nichts. Wenn man dort ohnehin (mal wieder) im Stau steht, lohnt es sich, nach rechts und links zu schauen. Bei Kray im Essener Osten kann man den Anliegern direkt ins Schlafzimmer glotzen. Immerhin können die Bewohner sich nicht über eine mangelnde Verkehrsanbindung beklagen.

Ach ja, was wären wir ohne unsere schöne A40? Im Ernst: Wir hätten gar nichts mehr zum Schimpfen! Wie langweilig wäre DAS denn? So kann man wenigstens über Verstopfungen motzen oder sich darüber aufregen, dass der Ausbau auf drei Spuren nicht vorankommt.

Neulich habe ich eine Durchsage im Verkehrsfunk gehört: »Achtung: Auf der A40 zwischen Bochum-Stahlhausen und Essen-Kray ist ein Stau! Dank an unseren Verkehrsmelder Guido aus Wermelskirchen!« Jetzt mal ehrlich: Auf der A40 zwischen Stahlhausen und Kray ist immer Stau. Da war immer Stau und da wird auch immer Stau sein. Schon bevor es diese Autobahn gab, war da Stau. Ich glaube manchmal, die haben die A40 unter die parkenden Autos geteert!

Und was sind das überhaupt für Menschen, die beim Radio anrufen, um Staus zu melden? Was für ein Mitteilungsbedürfnis haben diese Leute? Die fahren in einen Stau, und das Erste, was sie tun, ist, zum Handy zu greifen, um heulend beim Radio anzurufen: »Hallo? Ist da das Radio? Ich steh im Stau! Zwischen Bochum-Stahlhausen und Essen-Kray! Mein Name ist Guido, ich komme aus Wermelskirchen! Sagt den anderen Bescheid! Für mich ist es zu spät!« Wissen Sie, wie wir solche Menschen früher genannt haben? Petze!

Aber ich will mich nicht aufregen, denn dank der A40 hat man bei Verspätungen jederzeit eine perfekte Ausrede. Dann hebt man einfach nur die Achseln und seufzt: »A40.« Und dann hat jeder im Ruhrgebiet Verständnis.

Aldi

Das Ruhrgebiet ist nicht nur der landschaftliche Übergang zwischen Rheinland und Westfalen und damit die ideologische Schnittmenge zwischen rheinischer Frohnatur und westfälischer Sturheit. Es steht auch für eine viel bedeutendere Teilung Deutschlands: die von Aldi-Nord und Aldi-Süd! Und dieser wirtschaftliche Bruch geht genau und mitten durch Mülheim an der Ruhr – denn dort wohnen die Gebrüder Albrecht, die reichsten Brüder der Welt und Herren über achttausend Discountmärkte weltweit.

Für viele ist der geographische Standort dieses Discountunternehmens eine Statusfrage. Als ich Ende der neunziger Jahre in Frankfurt bei einem Radiosender arbeitete, sorgte meine mitgebrachte Aldi-NORD-Plastiktüte für Aufsehen und neidische Blicke bei meinen Kollegen: »Wo hast du DIE denn her?« – »Aus Gelsenkirchen!«, sagte ich. Diesen Satz sagt man nicht oft mit Stolz! Zumindest als Bochumer.

Ich kann mich sogar noch an den Tag erinnern, als ich diese Tüte erstanden habe. Ich kaufte auf dem Heimweg bei der Aldi-Filiale in Gelsenkirchen-Ückendorf ein. In der Mitte des Geschäfts stand eine Kühltruhe, in die gerade ein etwas älterer Vertreter der Vokuhila-Frisur-Fraktion seinen Kopf steckte und in voller Lautstärke durch den Laden brüllte: »Hömma, sind die eingeschweißten Frikadellen eigentlich noch gut?« Worauf die Kassiererin mit gleicher Dezibelzahl erwiderte: »Probier se doch aus, Klaus. Wenn du morgen nicht wiederkommst, wissen wir alle, ob se noch gut waren!« Kundendienst bei Feinkost Albrecht.

Anders ist es mir mal in einem Aldi in Bochum-Weitmar ergangen. Dort lag ein Stapel eingepackter Badmintonsets (wir nannten diesen Sport damals auch unenglisch: Federball). Zwei Schläger und ein paar Bälle für unter zehn Mark. Wohl kein High-End-Qualitätsprodukt, aber da kann man ja mal zuschlagen, dachte ich. Ein bisschen Sport oder zumindest die gute Absicht, sich zu bewegen, kann ja nicht schaden. Also packte ich eines dieser Sets in meinen Einkaufswagen, ließ ihn stehen und begab mich zur Tiefkühlabteilung, um meine sportliche Motivation mit ein paar gesunden Fertigpizzen zu belohnen. Als ich zu meinem Wagen zurückkam, waren die Federballschläger weg. Verschwunden. Perdu. Anstatt mich über diesen Fast-Diebstahl zu ärgern (ich hatte die Packung ja noch nicht gekauft), griff ich mir im Vorbeigehen ein neues Set vom Stapel und ging zur Kasse. Damals gab es noch keine Scanner bei Aldi, und die Kassiererin tippte in rekordverdächtiger Geschwindigkeit meine Waren ein. Ich spielte das beliebte Spiel: Schaffe ich es, meine Lebensmittel schneller in den Einkaufswagen zu bugsieren, als sie die Preise eingibt? Als Kunde verlor man diesen Wettbewerb meistens. Allerdings tippte die Dame mein Federballset nicht ein, sondern legte es einfach neben ihre Kasse. »Nein, nein, DAS auch!«, wies ich freundlich, aber bestimmt darauf hin. Sie antwortete seelenruhig: »Das gibt's noch nicht!«

»Wie, das gibt's noch nicht?«

»Das gibt's erst morgen!«

»Häh, aber ich SEH das doch vor mir, wie kann es das denn erst morgen geben?«

»Das wird erst morgen verkauft!«

»Und wieso liegt das schon hier rum?«

»Das liegt jetzt schon hier, aber das gibt's erst morgen!«

Der Aldi-Markt in der Hattinger Straße in Bochum ist also der einzige mir bekannte Ort im Universum, wo man Gegenstände bereits visuell erkennen kann, die erst 24 Stunden später räumlich existent werden. Ob es sich um ein temporäres Wurmloch oder ein anderes Paradoxon im Raum-Zeit-Gefüge handelt, muss ich Stephen Hawking fragen, wenn ich demnächst mal wieder mit ihm Badminton spielen gehe.

Am nächsten Tag war das Federballset auf jeden Fall

nicht nur sichtbar, sondern auch in feststofflicher Form käuflich zu erwerben. Ich habe es genau zweimal benutzt. Den Aldi-Markt in der Hattinger Straße in Bochum gibt es übrigens nicht mehr. Aber wer weiß, vielleicht ist er ja doch noch da, und man kann ihn nur in der Zeit von 15 Uhr bis 15:12 Uhr sehen. So wie in dem Film *Brigadoon*, in dem ein schottisches Dorf nur alle hundert Jahre auftaucht. Wer weiß? Ich nicht!

Altstädte

Ab und zu stehen im Ruhrgebiet Schilder mit der Aufschrift »Altstadt«. Der Begriff Stadt ist in diesem Kontext oft übertrieben, meistens handelt es sich einfach um Gebäude von vor 1945, die nicht weggebombt worden sind. Schrauben Sie also Ihre Erwartungen zurück, und falls Sie jemals in einer wirklichen Altstadt wie Tübingen oder Schwäbisch-Hall waren, seien Sie bitte nicht zu enttäuscht von den Altstädten im Ruhrgebiet.

Die kleine Stadt Hattingen wird immer als Vorzeigealtstadt des Ruhrgebiets bemüht. Klar, die Hattinger Altstadt ist knuffig. Aber: Hattingen ist nicht Heidelberg, wo man sich in schmalen Altstadtgässchen regelrecht verlaufen kann und Touristen aus dem entfernten asiatischen Ausland sich gegenseitig grinsend vor die Objektive laufen. In Hattingen habe ich jedenfalls noch keinen Japaner in der Altstadt gesehen. Warum auch? Was soll man hier schon fotografieren? Tschibo? Den T-Punkt? Denn kaum hat man diese Außenposten der kommerziellen Zivilisation erreicht, ist die Altstadt auch schon zu Ende, und man bewegt sich in einer stinknormalen Fußgängerzone. Natürlich gibt es in Hattingen auch verwinkelte Ecken und Gässchen und kleine schiefe Häuser, deren dunkelgrau geschieferte Fassaden von der Nähe zum Bergischen Land zeugen und selbst im Hochsommer depressiv machen. Das ist alles pittoresk anzusehen, aber leider auch so übersichtlich wie ein Pennymarkt-Parkplatz – und wenn man sich RICHTIG Zeit lässt, hat man in weniger als einer Viertelstunde die ganze Mittelalterpracht gesehen.

Wahrscheinlich heißt es in Hattingen auch ALT-Stadt, weil hier fast ausschließlich Ommas (Ruhrdeutsch für den Plural von Seniorin) rumlaufen – und natürlich die wenigen männlichen Exemplare unserer Gattung, die es bis in dieses hohe Alter geschafft haben. Tatsächlich sieht man im Ruhrgebiet nirgendwo so viele Senioren wie in Hattingen. Aber halt, es gibt hier natürlich auch junge Menschen. Sehr junge Menschen, nämlich Neugeborene, die sich von ihren nur unmerklich älteren Eltern durch die Gegend schieben lassen. Der Generationenkontrast in Hattingen ist schon extrem: Zwischen Kita und Seniorenstift findet sich in Hattingen kaum eine andere Altersgruppe. Eine Mittelalterstadt ohne Mittelalter. Und überall das Geräusch von Rollen. Denn entweder sind es Kinderwagen oder Rollatoren, die über die Wege der gepflasterten Altstadt juckeln.

Hattingen ist zwar die schönste, aber bei Weitem nicht die einzige Altstadt im Revier. Doch während man hier tatsächlich von einem zu Recht touristisch beworbenen historischen Stadtkern sprechen kann, sind die anderen Altstädte eher übersichtlicher Natur. Die Altstädte von

Unna und Herdecke können sich sogar noch sehen lassen, doch die von Recklinghausen ist so gut versteckt, dass ich sie auch nach mehrmaliger Suche nicht gefunden habe. In Mülheim an der Ruhr muss man die Altstadt regelrecht suchen. Doch wenn man die wenigen putzigen Häuser, die aus alten Tagen übriggeblieben sind, entdeckt hat, dann fühlt man sich ein bisschen wie ein kleiner Entdecker, der zu Hause erzählen kann:

»Ich war in Mülheim an der Ruhr und ich habe die ALTSTADT gefunden!« – »Ach, die gibt's wirklich?«

Aber auch wenn wir im Ruhrgebiet mit anderen historischen Stadtkernen in Deutschland nicht immer mithalten können: Hübscher als in der Düsseldorfer Altstadt ist es bei uns allemal!

Ankommen

Es gibt viele Möglichkeiten, in das Ruhrgebiet einzureisen. Eigentlich liegt es so zentral in Deutschland, dass man hier sowieso zwangsläufig durchmuss. Viele fahren leider am liebsten am Pott vorbei. Aber es soll auch Menschen geben, die uns absichtlich besuchen.

Man merkt eigentlich sofort, wenn man den Pott erreicht hat. Wenn Sie zum Beispiel im Zug sitzen und unter Ihrem Hintern ein deutliches »Rumms« verspüren, wurde sehr wahrscheinlich gerade der ICE geteilt, und Sie sind in Hamm. Willkommen im Ruhrgebiet. Von Süden aus auf der A45 ist der Übergang vom Sauerland ins ruhrgebietliche Hagen landschaftlich eher fließend. Wenn dort nicht braune Schilder davon künden würden, dass man jetzt im Ruhrgebiet weilt, würde man glauben, man wäre immer noch im Wald. Richtig zu Hause fühle ich mich persönlich allerdings erst, wenn ich die Ruhr bei Schwerte-Ergste überquert habe. Wie sagte mein Vater immer so schön, wenn wir aus dem Urlaub kamen: »Ist man in Schwerte, hat man das Ergste hinter sich!«

Dieses Wortspiel ist in Schwerte ungefähr genauso beliebt wie der Spruch: »Schwerter zu Pflugscharen!«

Von Osten kündigt sich die Gegend schon deutlicher an. Hier erspäht man das, was allgemein »Industriekultur« genannt wird. Auf der A2 kann man schon von weitem die Kühltürme von Hamm-Uentrop erblicken. Diesen Ausblick kann man durchaus länger genießen, da man dort erfahrungsgemäß sowieso im Stau steht.

Nördlich auf der A43 zeigt das Kraftwerk von Herne eindeutig, dass jetzt Schluss ist mit der schönen Natur des Münsterlandes, und auch von Westen zeugen die Fabriken und Schlote Duisburgs davon, dass man hier nicht unbedingt mit Luftkurorten rechnen sollte. Früher hat man das Autofenster runtergekurbelt, tief eingeatmet, abgehustet und gewusst: Hier ist dat Ruhrgebiet. Das ist heutzutage zum Glück vorbei, denn die Luft ist bei uns mittlerweile genauso gut oder schlecht wie in anderen Großstädten, und unsere Feinstaubwerte können sich auch mit denen anderer Metropolen messen.

Also: Viele Wege führen nach Rom, aber die meisten davon ins Ruhrgebiet. Egal für welchen Sie sich entscheiden: Herzlich willkommen!

Arbeitersiedlungen

»Willkommen im Auenland«

Die Bergarbeitersiedlungen im Pott würde man in Amerika »Reservate« nennen. Denn auch bei uns wurden damals die Ureinwohner (also die Werktätigen) in eigens für sie gebauten Quartieren untergebracht, um ihnen zumindest ein kleines eigenes Heim zu bieten, wo sie nach ihren eigenen Sitten und Gebräuchen leben konnten. Natürlich gibt es immense Unterschiede, was die Ansehnlichkeit und Besichtigungswürdigkeit dieser Siedlungen angeht. Aushängeschild ist immer noch die Margarethenhöhe im Essener Süden, die ganz unbescheiden und gönnerhaft nach ihrer Stifterin, der Industriellengattin Margarethe Krupp, benannt wurde. Und auch wenn diese in sich geschlossene Gartenstadt mit ihren süßen Mäuerchen, Türmchen und Erkern noch heute Vorzeigecharakter hat, so kommt sie einem auf den zweiten Blick doch eher eng als gemütlich vor.

Und da wären wir dann auch schon beim Problem: Anzusehen sind diese Siedlungen alle recht hübsch, nur scheint man die arbeitende Bevölkerung damals mit Pygmäen oder zumindest mit Hobbits verwechselt zu haben, denn die Flure und Räume sind überall extrem eng. Zu viel Platz wollten die Bauherren ihren Angestellten wohl nicht zumuten – oder vielleicht sollte sich der Bergmann nach der Schicht im Schacht gar nicht erst an mehr Raum gewöhnen müssen. Wenn da in einem Haus zwei Leute nebeneinanderstehen, ist die Hütte voll. Aber so was von picke-packe-voll! Großraumparty ist hier nicht. Hier wohnt Klaus – Klaus Trophobie.

Trotzdem oder vielleicht gerade wegen dieser Kuscheligkeit sind diese Wohnungen und Häuser heute immer noch so beliebt, dass man da als normalsterblicher Mietinteressent gar nicht erst rankommt. So ein Häusken wird entweder vererbt oder für teuer Geld verkauft. Ätschi bätschi!

Die zahlreichen Arbeiterviertel prägen den Pott nicht nur architektonisch, sondern auch ideell. So wurde in Oberhausen die wunderschön rotbebacktgesteinte Siedlung Eisenheim nur durch große Protestaktionen der Bevölkerung vor dem Abriss gerettet. Völker, hört die Signale!

Die Arbeitersiedlungen im Revier erinnern mich persönlich immer an kleine Disneylands, so schön sauber, so unwirklich und irgendwie der Realität entrückt. Ich war als Kind immer neidisch auf meine Mitschüler, die mit ihren Eltern solche Häuser bewohnen durften. Ich bin oft mit dem Bus 368 nach Bochum-Hordel gefahren, was für einen Jungen aus Laer eine kleine Weltreise war. Dort wohnten viele meiner Schulkameraden. Daran merkt man auch, dass man alt wird, wenn man schon das Wort »Schulkameraden« benutzt. Ich grüße an dieser Stelle mal alle, die ich damals oft dort in der Dahlhauser Siedlung besucht habe, vor allem Thomas Schremmer, Andreas Brozio, Roland Simon und Thorsten Molter aus der 5b des Goethe-Gymnasiums in Bochum. Wie bitte? Sie finden das jetzt unangemessen, dass ich hier einfach so persönlich werde und wertvolles Rohmaterial wie Papier und Druckerschwärze für Grüße verwende, die ich auch bei Webseiten wie StayFriends, Wer-kennt-wen oder Wer-hat-mir-damals-auf-dem-Schulhof-in-der-Pauseaufs-Maul-gehauen.de loswerden könnte? Ich sage Ihnen jetzt mal was: Dat is MEIN Buch, und das sind meine Gefühle und Erinnerungen. Und da kann ich so sentimental werden, wie ICH will! Und schließlich gibt es im Pott kaum etwas Sentimentaleres als Arbeitersiedlungen. Woll?!

Arnsberg

Diese kleine, schnuckelige Stadt liegt gar nicht im Ruhrgebiet, sondern im Sauerland. Was hat sie also in diesem Buch zu suchen? Ganz einfach: Arnsberg ist der Sitz des Regierungsbezirks, der für insgesamt sieben östliche Ruhrgebietsstädte zuständig ist. Der nördliche Teil des Potts wird von Münster aus verwaltet, und der Westen unterliegt Düsseldorf – das Revier wird also von Sauerländern, Münsteranern und Rheinländern regiert. Wir sind aufgeteilt wie die besetzten Länder beim Risko-Spiel.

Wie soll eigentlich ein gemeinsames Ruhrgebiet entstehen, wenn sich erst mal drei ganz unterschiedliche Verwaltungsstädte untereinander koordinieren müssen? Ich bin wirklich kein Nationalist, und das mag jetzt alles sehr provinziell-patriotisch klingen, aber solange eine einheitliche Verwaltung fehlt, gibt es auch keine Unabhängigkeit und eigene Identität für das Ruhrgebiet. Was nutzen uns die Ernennung zur Europäischen Kulturhauptstadt 2010 und das ganze Ruhrstadt-Getue, wenn in einem sauerländischen Kaff entschieden wird, ob in Dortmund was gebaut werden darf oder nicht. Und wenn wir schon dabei sind: Eine eigene Währung wäre auch ganz nett. Meinetwegen zahlen wir in Briketts. Man sagt ja nicht umsonst: »Rück mal mit der Kohle rüber!«

Autofahren

Kinofilme wie *Manta Manta* oder *Bang Boom Bang* haben den Ruhrgebietler in den letzten Jahrzehnten immer als autoverliebten Spritverschwender dargestellt, als Prototypen des Motorsportgeschädigten, der, bevor er zum Bierholen die zehn Meter zu Fuß zur Bude läuft, lieber eine halbe Stunde um den Block brettert, um in zweiter Reihe zu parken. Und in seiner Freizeit schraubt er lieber in der Garage an seiner geliebten Karre als an seiner Freundin. Seine Welt riecht nach Öl, Schweiß und Wunderbäumen mit der Duftnote Vanille.

Prinzipiell stimmt dieses Klischee, denn ursprünglich war das Ruhrgebiet mal autofreundlich konzipiert. Nachdem uns der Herr Führer die Autobahnen geschenkt hatte, haben wir brav weitergeteert, um Zufahrts- und Pendlerstraßen zu bauen, und sogar ganze Fahr-Unis konzipiert, die genau wie die Einkaufszentren vor der Stadt nur mit dem Auto zu erreichen sind (siehe: Uni). Gefühlte drei Milliarden Autobahnen fräsen, kreuzen und teilen sich kreuz und quer durch den Pott. Wenn die Straßen frei sind, kommt man auch schön schnell von A nach B. Das Problem ist nur: Sie sind es nicht. Nie!

Vor allem die Schlagader des Reviers, die vielgepriesene A40 (siehe: A40), die vom Niederrhein bis nach

Ostwestfalen führt (da heißt sie dann zwar B1, aber Straße ist Straße), kollabiert unter der schieren Masse von Blechvehikeln. Deshalb gibt es nicht enden wollende Ausbauarbeiten für noch mehr und noch breitere Spuren. Die haben die ganze Misere nur noch schlimmer gemacht: Statt Streckenausbau und schön fließendem Verkehr gibt es überall Fahrbahnverengungen, Baustellen und Staus. Dann braucht man an Werktagen für die zwanzig Kilometer von Bochum nach Essen schon mal anderthalb Stunden. Die S-Bahn schafft die Strecke übrigens in zehn bis fünfzehn Minuten. Wie gesagt: Sind die Straßen ausnahmsweise mal frei, kommt man ganz gut durch. Aber es kann sich ja nicht jeder leisten, um drei Uhr nachts zur Arbeit zu fahren.

Zum Glück sind die meisten Orte im Ruhrgebiet mit der Bahn und anderen öffentlichen Verkehrsmitteln gut zu erreichen – und bei allen anderen lohnt sich auch kein Besuch. Falls Sie Ihre Karre trotzdem nicht stehen lassen können, bringen Sie Geduld mit. Aber bleiben Sie ruhig und gelassen – gerade im Stau. Machen Sie es wie wir Ruhrgebietsmenschen, denn Aggressivität im Straßenverkehr ist uns fremd. Wenn wir das mal erleben wollen, fahren wir einfach nach Berlin!

Verhörer: Afrika-Bochum?

Wenn man sich das musikalische Frühwerk von Herbert Grönemeyer anhört, dann stellt man erstaunt fest: Der Mann konnte ja mal richtig singen. Selbsternannte Musikästheten werfen ihm noch heute oft Vokalgeknödel und Stimmbandgedrücke vor, gerade wenn er seine Lieder live und vor großem Publikum darbietet. Womit diese Kritiker nicht ganz unrecht haben, denn genau genommen sind seine öffentlichen Gesangsdarbietungen eigentlich ein Albtraum für jeden ausgebildeten Logopäden. Früher war das anders. Für eine Platte wie *Total egal* von 1982 braucht man kein Textblatt, um den Inhalt der Songs zu verstehen. Nicht so wie bei BAP, die ja neben den kölschen Texten dankenswerterweise noch die hochdeutsche Übersetzung ihrer teils komplett unverständlichen Lieder beilegen.

Allerdings war Herbert Grönemeyer am Anfang seiner Sangeskarriere auch nicht besonders erfolgreich, denn damals hatte sein Gesang noch wenig Wiedererkennungswert und schwankte stilistisch unentschlossen irgendwo zwischen Klaus Hofmann und Stephan Sulke. Richtig startete Grönemeyer eigentlich erst durch, als er mit dem Knödeln anfing. Ähnlich wie Bob Dylans Genöle entwickelte Grönemeyer seinen eigenen, unverwechselbaren Gesangsstil, der noch heute gerne von mittelmäßigen Komikern (so wie mir) parodiert wird. Herbert nachzumachen ist gar nicht so schwer. Eigentlich kann das jeder, der eine mittelschwere Verstopfung simulieren kann. Schön ist das zwar nicht, aber eindrucksvoll. Und wer sucht in der Musik schon nach Schönheit? Wer es schön haben will, soll gefälligst Celine Dion hören! Entscheidend ist doch am Ende das Gefühl, das die Lieder erzeugen, und natürlich die Aussage des Künstlers. Allerdings

war gerade die bei Herbert nach seiner Stimmwandlung oft nur noch schwer auszumachen.
Nehmen wir zum Beispiel das Lied *Bochum*, das meiner Heimatstadt 1984 zu einer musikalischen Identität, bundesweiter Aufmerksamkeit und neuem Selbstbewusstsein verhalf (siehe auch: Bochum – Songanalyse). Da singt Herbert Grönemeyer an einer Stelle von ganzem Herzen: »Auuuuf, Glückauuuf: Bochum!« Damit ist natürlich der alte Gruß »Glückauf« gemeint, den die Kumpels sich im Bergwerk unter Tage zuriefen. Grönemeyer verbeugt sich also vor der Vergangenheit seiner Heimat und setzt gleichzeitig der Arbeiterklasse ein gesangliches Denkmal. Einer von uns halt.
Nun haben wir damals aber genau diese besagte Stelle ganz anders verstanden: Statt »Auf, Glückauf, Bochum!« hörten wir »Aaaaafrika: Bochum!« Was natürlich völliger Unsinn ist, denn selbst mit nur rudimentären Geographiekenntnissen müsste man ja wissen, dass es sich hier um zwei völlig verschiedene Kontinente handelt. Einige deuteten es damals so: Das Ruhrgebiet war als eher arme Gegend so was wie das Afrika Deutschlands, und die Bergarbeiter wiesen aufgrund ihrer oft schwarzen Gesichtsfärbung auch Ähnlichkeiten mit der afrikanischen Urbevölkerung auf.
Manche Leute verstanden die Zeile auch ganz anders. Zum Beispiel ein Freund, der damals fest behauptete, Herbert würde »Aaaappelkorn: Bochum!« singen. Eine nicht gerade subtile Aufforderung zum Konsum toxischer Getränke, die thematisch jedoch durch das Lied *Alkohol* auf der gleichen LP relativiert wurde.

Meine Lieblingsinterpretation ist allerdings: »Aaaatemnot: Bochum!« Damit könnte sowohl die bekanntlich schlechte Luft im Pott gemeint sein (Stichwort: Smog) als auch die unorthodoxe Gesangstechnik des darbietenden Künstlers.
Aber das ist natürlich alles Quatsch. Denn heute weiß man, wie der Text richtig geht, es ist überliefert. Es heißt: »Auuuuf, Glückauuuf: Bochum!«
Für diese Erkenntnis haben Sprachwissenschaftler zwar sehr lange forschen müssen, aber nun sind wir endlich klüger. Also: Glückauf!

B

Bahn

Wer mit dem Auto fährt, hat den Vorteil, dass er mehr von der Gegend sieht und zwischendurch mal anhalten kann. Doch wer die Bahn nimmt, erlebt einfach mehr. Auch bei uns im Pott. Zum Beispiel Zugdurchsagen wie »Glückauf in Bochum« oder »Shortly we arrive Essen«, was übersetzt so viel heißt wie »Nächster Halt wir kommen an Essen«.

Ich fuhr mal frühmorgens mit dem Regionalexpress von Bochum nach Duisburg. Erwähnte ich bereits, dass es früh war? Es war VERDAMMT früh! Und voll! Ich stand also eingezwängt zwischen lauter unglücklichen und übermüdeten Morgenpendlern und blickte in traurige Augen. Kurz hinter Bochum kam die Durchsage vom Schaffner: »Guten Morgen, liebe Fahrgäste. Nächster Halt: Wattenscheid. Wer hier aussteigt, ist selber schuld!« Da gab es plötzlich ein großes Hallo im ganzen Zug, und die Menschen, die gerade noch depressiv wirkten, mussten plötzlich lächeln. Ein magischer Moment des Alltags. Der Tag war gerettet. Sogar die Leute, die den Zug in Wattenscheid verlassen mussten, haben beim Aussteigen noch gelacht, denn sie wussten: Der Schaffner hatte ja recht!

Bermudadreieck

Was dem Hamburger die Reeperbahn und dem Düsseldorfer seine Altstadt, ist dem Ruhrpottler sein Bermudadreieck. Die Kneipenmeile in Bochum mit dem nachgewiesen dichtesten Gastronomieaufkommen Europas trägt aus zwei Gründen diesen Namen: Erstens handelt es sich bei dem Gebiet zwischen südlicher Kortumstraße, Viktoriastraße und Südring tatsächlich geometrisch um ein Dreieck. Zweitens sind dort in den letzten dreißig Jahren mehr Leute versumpft und versackt als im berüchtigten Namensvetter in der Karibik. An sommerlichen Wochenenden hier einen Fuß auf den Boden zu bekommen ist schwierig, während des Musikfestes *Bochum Total* sogar schier unmöglich. Doch gerade dieses Massenaufkommen scheint auf viele eine hohe Anziehungskraft auszuüben, und so fällt gerne gegen Ende der Woche das halbe Sauerland im Dreieck ein.

Im Bermudadreieck trifft man sich, hier sieht man und will gesehen werden. Den Bochumern sind alle baulichen und gastronomischen Veränderungen ihrer Ausgehmeile erst mal suspekt. In den letzten Jahren sollte das Dreieck zu einem schicken Flanierpflaster gemacht werden, was allerdings schwer nach hinten losging. Die Meile wurde neu asphaltiert und mit dürren Zierbäumchen in zentimetergenauen Abständen bepflanzt und verlor damit jeglichen ursprünglichen Charme. Und dann die neuen Pflastersteine. Ich weiß nicht, welcher bösartige Stadtplaner sich das ausgedacht hat. Am Engelbertbrunnen liegen die wohl schäbigsten und schmutzigsten Steine, die man sich vorstellen kann, und in den Fugen sammeln sich Zigarettenkippen und Unrat jeglicher Herkunft. Na gut, da muss man mal sanieren, immerhin sieht der Bodenbelag so aus, als wäre er ein paar Jahrzehnte alt und hätte die eine oder andere Völkerschlacht überstanden. Das Problem ist nur: Diese Steine wurden im Jahre 2009 verlegt und sahen bereits zwei Wochen später so aus. Sie sind laut Angaben des Bauamtes der Stadt Bochum auch nicht zur Reinigung geeignet und daher in einem Bereich, in dem Kneipen und Imbissbuden dicht an dicht stehen, natürlich besonders sinnvoll, denn nirgendwo fallen mehr Dreck, Lebensmittel und Körperflüssigkeiten auf den Boden als im Bermudadreieck. Es gibt nur ein Wort für dieses Phänomen: böswilliger Pfusch (okay, das waren jetzt zwei Wörter). Das sind die Momente, in denen ich meine Omma verstehe, die immer sagte: »Früher war alles besser!«

Und wo wir gerade bei neu sind: Wie viele Mexico-Tapas-Cocktail-Bars kann eine Straße aushalten? Bei meiner letzten Zählung gab es im Bermudadreieck neun dieser Etablissements. Und überall steht das gleiche Essen auf der Karte – das passt auch wieder irgendwie, schließlich sitzen da mittlerweile auch überall die gleichen Leute drin, irgendwelche gegelten Businessheinis, die wie geklonte Bundeswirtschaftsminister bayrischer Abstammung aussehen. Die Einheimischen zieht es in die alteingesessenen Lokalitäten, die das Bermudadreieck prägen und für Charme sorgen.

NEULICH IM BERMUDADREIECK

Da gibt es zum Beispiel die winzig kleine Pinte, den Intershop und natürlich das Mandragora, die altehrwürdige Dame, die sich selber gerne die Wurzel des Bermudadreiecks nennt, da sie bei ihrer Gründung 1977 zu den ersten Kneipen gehörte. Verändert hat sich dort seitdem nicht viel. Zum Glück, könnte man sagen, obwohl ich an dieser Stelle doch mal die Renovierung der sanitären Anlagen anregen möchte.

Bezeichnenderweise nennt man den Platz am Mandra niemals beim richtigen Namen. In Bochum sagt man immer: »am Mandra«. Wer will schon sagen: »Ich setz mich heute Abend auf ein bis sieben Biere auf den Konrad-Adenauer-Platz.« In den späten achtziger Jahren habe ich nicht nur die Wochenenden, sondern auch sonst fast jede freie Sonnenstunde am Mandra verbracht. Kaum erklingt der frühlingshafte Befehl »Tische raus!«, schon kann man die ersten hartgesottenen Open-Air-Fans vereinzelt auf den Bänken frösteln sehen. Kälte? Na und? Dann wird eben der Heizpilz angeworfen! Scheiß aufs CO_2, erst mal sind wir sowieso im Pott, und Hauptsache, wir sitzen draußen. Die Erderwärmung kommt eh früh genug!

Bier

»Das Schlimmste ist, wenn das Bier alle ist!«
Die Kassierer

Dass der Pott keine Weingegend ist, dürfte sich mittlerweile rumgesprochen haben. Wo sollten wir das Zeug auch anbauen? Auf unseren Abrisshalden? (Siehe auch:

Gesehen in Dortmund. Wo sonst?

Halden.) Obwohl das vielleicht keine schlechte Idee wäre: »Wie wäre es mit einem 2012er Bottroper Nacktarsch Südlage, sehr blumenkohlartige Note mit leichtem Schlackearoma im Abgang?«

Nein, ist nur Quatsch. Bei uns gilt das Motto: »Erst mal ’ne Kanne Bier!«

Das Ruhrgebiet ist natürlich in erster Linie Bier-Country, auch wenn es den Traditionsbrauereien zwischenzeitlich so ergangen ist wie den Zechen und der Schwerindustrie: Die meisten sind mittlerweile dicht. Trotzdem bleibt Bier bei uns das meistgetrunkene Getränk, auch wenn wir es importieren müssen. Dabei herrscht hier immer noch der Kampf zwischen Pils- und Exporttrinkern. Doch selbst diese Fronten sind inzwischen zerbröckelt, und man wird auch nicht mehr schief angesehen, wenn man mal ein Weizenbier oder ein Glas Alt bestellt. Nur Kölsch sucht man bei uns vergebens – und das ist auch gut so. Wenn ich Wasser trinken will, dreh ich den Kran auf.

Auch die ganzen Trendbiersorten kann man sich gerne woanders zur Leber führen. Die einzigen Biermixgetränke, die ich toleriere, sind Krefelder (Altbier-Cola) und Alsterwasser (Bier mit Limo, auch Radler genannt). Grapefruits, Blutorangen und Kaktusfeigen haben in Bier nichts zu suchen. Was soll die ganze Mischerei? Ich persönlich krieg ja schon zu viel, wenn mir einer 'ne Scheibe Zitrone ins Wasser tut. Kein Obst im Getränk! Und im Bier schon gar nicht! Das meine ich ernst. BIER-ernst!

Bimbo-Box

Es gibt Objekte, die universell für eine bundesrepublikanisch-glückliche Kindheit in den siebziger Jahren stehen. Zum Beispiel das vielgepriesene Playmobil-Piratenschiff. Oder der Scoutranzen, der zwar zu den unhandlichsten und orthopädisch fragwürdigsten Gepäckstücken gehört, die jemals ein Schülerrückgrat geschädigt haben, aber: »Scheiß auf die Bandscheibe!« Alles ist besser als Jutebeutel.

Für Kinder in Bochum gab es aber noch ein Objekt der Begierde. Die Mutter aller X-Boxen und Playstations: die Bimbo-Box! Ich muss zur Erklärung etwas ausholen, bevor mir jetzt ob des Namens voreilig politische Inkorrektheit und rassistische Tendenzen vorgeworfen werden.

Vielleicht haben Sie noch die Fernsehserie *Der große Bellheim* in Erinnerung, die Mitte der neunziger Jahre im ZDF lief. Als Regisseur Dieter Wedel einen passenden Ort als Kulisse für seine epische Geschichte einer Kaufhausdynastie suchte, fiel seine Wahl auf das Bochumer

Traditionsgeschäft Kortum. Passenderweise handelt *Der große Bellheim* von den Solvenzproblemen eines großen Familienkaufhauses. Das gleiche Schicksal ereilte auf ironisch-prophetische Weise dann auch Kortum wenige Jahre später. Und dann war es vorbei mit den schönen Holzvertäfelungen, den eleganten Rolltreppen und der Lebensmittelabteilung ganz oben unter dem Dach, die auf den Anzeigetafeln kurioserweise immer noch Kolonialwarenabteilung hieß: Einmal Missionarsstellung, immer Missionarsstellung.

Als Kinder gingen wir nach der Schule entweder in das Plattengeschäft Alro am Südring (heute eine dieser schrecklichen pastellgetünchten Bistro-Ketten-Filialen), um dort im Keller zwischen den Nice-Price-Platten unser Taschengeld zu verflippern. Oder aber wir waren ganz hart drauf und liefen zu Kortum in die Spielwarenabteilung. Und zwar einzig und allein, um unsere mühsam gesammelten Groschen in der Bimbo-Box zu versenken. Jetzt fragen Sie sich zu Recht: Was zum Henker ist eine Bimbo-Box, und weiß Barack Obama davon?

Die Bimbo-Box sieht aus wie ein Aquarium, das leicht nach hinten gekippt auf einem roten Schrank steht. In dem Behälter sind aber weder Wasser noch Zierfische, sondern zwei Reihen mit völlig ausgefransten Stofftieren, die Plastikgitarren, Trompeten und Trommeln um den Hals hängen haben. Doch das ist noch nicht die ganze Folter. Denn diese bedauernswerten Wesen sind auch noch mit ihren Füßen auf einer fiesen rasenähnlichen Plastikmatte festgenagelt. Aua! Da standen sie nun unfreiwillig Spalier: ein Hase, ein Schaf und vor allem Affen. Affen, Affen, Affen!

Gerettet: die Bimbo-Box heute!

Wenn man zehn Pfennig in den dazu vorgesehenen Schlitz der Bimbo-Box steckte, fingen die Stofftiere autistisch an zu zucken, zombiegleich und völlig unrhythmisch. Und das alles zu den Klängen einer musikhistorisch nicht einzuordnenden Melodie. Der Kopf eines der Spielzeugprimaten hing nur noch an einem Halswirbel – ein echter Horrorzoo, den sich Stephen King nicht gruseliger hätte ausdenken können. Die Kapelle des Schreckens. Die Tanzmusikschergen des Grauens.

Dieses Teil stand bei Kortum in der zweiten Etage bei den Spielwaren. Immer und immer wieder ließen wir die armen Viecher ihre grausame und bizarre Darbietung wiederholen. Bis unser Taschengeld alle war.

Das Schönste für uns Blagen aber war die Reaktion der Verkäuferinnen, die wegen der nervtötenden Berieselung immer gleich an die Decke gingen. Kinder können grausam sein. Aber nicht so grausam wie die Erfinder

der Bimbo-Box, die harmlose Kuscheltiere zu Fellsklaven machten und sie für den Hungerlohn von wenigen Groschen immer die gleiche stupide Arbeit machen ließen. Kommt vielleicht daher der Name Bimbo-Box? Eine Anspielung auf die Grausamkeit der westlichen Kolonialpolitik? Immerhin befand sich eine Etage über der Bimbo-Box besagte Kolonialwarenabteilung.

Inzwischen befindet sich im ehemaligen Kaufhaus die Filiale eines Elektronikgroßmarktes. Und siehe da, auch heute stehen die Blagen vor den modernen Bimbo-Boxen und zocken Ballerspiele oder hören nervtötende Musik. Zwar auf technisch höherem Niveau als wir damals, aber mindestens genauso stupide und monoton. Manche Dinge ändern sich halt nie.

Ich habe der Bimbo-Box und meinen damit verbundenen Kindheitserinnerungen viele Jahre nachgetrauert. Aber nach langem Suchen habe ich die Spaß-Kiste meiner Jugend endlich wiedergefunden. Sie steht heute im Süden Bochums im Haus Kemnade an der Ruhr. Ein Menschenfreund hat sie dem dortigen Museum zur Verfügung gestellt, wo sie unentgeltlich für jeden und alle zu bewundern ist. Und noch immer zucken und headbangen die Affen zu lustiger Musik. Allerdings nur noch die vorderen drei, die hinteren Musikanten bewegen sich nicht mehr. Sie sind wohl bereits im Vorruhestand.

Bochum – Stadt

Dass Innenstädte nicht immer schön sind, ist bekannt (siehe: Innenstädte). Man kann es sich aber auch besonders schwermachen. In manchen ländlichen Gegenden steht dieses Schild: »Unser Dorf soll schöner werden.« In Bochum müsste am Ortseingang stehen: »Wir schaffen es, dass unsere Stadt immer hässlicher wird!«

Ich weiß, wovon ich rede, denn ich lebe seit über vierzig Jahren in Bochum und habe alle städteplanerischen Sünden und Schweinereien am eigenen Leibe erlebt und über die eigene Netzhaut erfahren müssen. Deshalb kann ich hier auch so gut über die Machenschaften der Stadtherren herziehen. Und immer wieder frage ich mich: Warum machen die das? Wollen die, dass die Menschen hier wegziehen? Für alle, die meinen Ärger nicht nachvollziehen können und noch nie in Bochum waren, habe ich eine kleine virtuelle Führung durch das Elend entworfen.

Wir beginnen unseren Rundgang am Hauptbahnhof, der seit seiner Renovierung zugegebenermaßen ganz hübsch und sauber ist, jedenfalls im Vergleich zu so manch anderer Großstadt. Krasses Gegenbeispiel wäre hier Münster, eine der schönsten und lebenswertesten Städte, die ich kenne. Die Attraktivität dieser Stadt steht allerdings in keinem Verhältnis zu ihrem unfassbar hässlichen Bahnhof.

Aber zurück zu Bochum: Rechts neben dem Bahnhof liegt der mit Zigarettenkippen und Taubenscheiße dekorierte zentrale Omnibusbahnhof. Hinter dem ZOB (eine Abkürzung, die für mich immer ein bisschen wie ZONK klingt) überquert man den Stadtring. Dort liegt auf einer Verkehrsinsel das von Autos umspülte Kunstwerk mit dem klangvollen Namen *Terminal*. Sagte ich Kunstwerk? Vier völlig verrostete Stahlplatten lehnen schief aneinander und fallen trotzdem nicht um. Toll! Das ist bestimmt eine kunsthistorische und statische Meisterleistung, sieht aber einfach scheiße aus. Kein Objekt führte in der Bochumer Bevölkerung zu so viel Widerstand wie diese Skulptur des amerikanischen Künstlers Richard Serra. Die Stadt ließ sich nicht beirren und stellte das »Rostding am Ostring« trotzdem auf. Seit den achtziger Jahren dient es nicht nur als begehbares Denkmal, sondern auch als Litfasssäule und als Ort für dringende menschliche Bedürfnisse. Man könnte auch sagen: Die teuerste und hässlichste Toilette der Welt!

Wenn man sich nun nach links wendet, beginnt die Massenbergstraße. Entschuldigung, der Massenberg-BOULEVARD! So wird diese Straße seit ihrer Renovierung nämlich genannt. Am oberen Ende schneidet sich die Einfahrt einer gigantischen Tiefgarage in den Asphalt. Die Bochumer Innenstadt ist nämlich komplett untertunnelt, und es gibt ein riesiges Parkhauslabyrinth mit verschiedenen Aus- und Zufahrten, den Minen von Moria aus *Herr der Ringe* nicht unähnlich. Einen feuerspeienden Balrog habe ich hier zwar noch nicht gesehen, aber schon des Öfteren stand ein bärtiger Mann vor mir, der laut rief: »DU KANNST NICHT VORBEI!«

Kann aber auch daran gelegen haben, dass ich vergessen hatte, meine Parkkarte zu bezahlen.

Früher war auf der Massenbergstraße mal richtig was los! Heute ist hier Betonwüste angesagt, eingerahmt von zwei der hässlichsten Beinahe-Hochhäuser der Architekturgeschichte, der Stadtbadgalerie und dem Sparkassenanbau. Durch diese Neubauten entstand eine Straßenschlucht, in der nach Chicagoer Vorbild böige Fallwinde wehen. Flanieren kann man hier nur noch mit

Gewichten an den Füßen. Außerdem besteht die Gefahr von schweren Stürzen, wenn man eine der vielen niedrigen Schwellen übersieht, die eigentlich dazu dienen sollen, dass Blinde mit ihren Stöcken den Übergang von Straße und Bürgersteig ertasten können. Wer allerdings nicht blind ist, hat Pech gehabt und legt sich auf die Fresse. Stellen Sie sich mal eine halbe Stunde an den Boulevard und beobachten Sie die armen Fußgänger, die sich immer wieder langlegen! Ist lustiger als jede Fernsehsendung mit versteckter Kamera. Die umliegenden Krankenhäuser müssen ja schließlich auch was zu tun haben.

Der Gipfel ist jedoch, dass die Stadt diesen völlig vergurkten Straßenzug Boulevard nennt. Bei dem Begriff Boulevard denkt man doch sofort an die Champs-Élysées und eine von Boutiquen und Cafés gesäumte Straße, auf der Liebespärchen Hand in Hand in den Sonnenuntergang spazieren. In Bochum ist der Boulevard keine mondäne Flaniermeile, sondern eine Aneinanderreihung von Ramschgeschäften und Ein-Euro-Shops. Und zu guter Letzt muss man sich auch noch vor den Linienbussen in Sicherheit bringen, die trotz milliardenteurer Verkehrsberuhigung durch die Untertunnelung inkonsequenterweise über den Boulevard brettern und jene Passanten bedrohen, die noch nicht gestürzt oder weggeweht worden sind. Wenn überhaupt, ist dies hier frei nach Green Day ein *Boulevard of broken dreams*.

Geht man an den doof betitelten Einkaufsbunkern Drehscheibe und Citypoint vorbei, steht man auf dem Rathausplatz vor einer riesigen Glocke. Die ist allerdings völlig uninteressant. Viel spannender ist der Eingang zur neuen U-Bahn direkt davor. Diese Treppe wurde nämlich schon von mehreren ortsunkundigen Fahrern mit der Einfahrt der öffentlichen Tiefgarage verwechselt. Man muss schon sagen: Ein Auto, der auf einer abschüssigen Fußgängertreppe hängenbleibt, sieht extrem komisch aus.

Gefährlicher wird es ein paar Meter weiter nördlich auf der Hans-Böckler-Straße, wo die U-Bahn völlig unangekündigt aus einem Tunnel in die Oberwelt schießt. Dieser Übergang ist weder ordentlich gekennzeichnet noch irgendwie sonst gesichert. Man kann da einfach reinfahren. Schon so mancher Autofahrer hat aus Versehen den U-Bahn-Tunnel mit einer normalen Straßenunterführung verwechselt – zum Glück ist dabei nie etwas passiert. Offenbar halten die Verantwortlichen diese gefährlichen Geschehnisse für so amüsant, dass sie bisher auch nichts zur Sicherung der Gefahrenstelle unternommen haben. Ein bisschen Spaß muss halt sein.

Ich könnte natürlich noch weiter ausholen und noch krudere Beispiele für die fehlgeleitete Planung der Bochumer Innenstadt bringen. Das würde ein ganzes Buch füllen. Locker!

Im Übrigen liebe ich meine Heimatstadt. Auch das muss ich hier mal sagen, denn ich bin aufgrund meiner öffentlichen Kritik schon oft als Nestbeschmutzer beschimpft worden. Ich möchte hiermit eins klarstellen: Ich bin kein Nestbeschmutzer, denn ich war es nicht, der das Nest beschmutzt hat. Ich bin nur der kleine Vogel, der sich lauthals darüber beschwert, dass ihm jemand in sein schönes Nest gekackt hat!

Bochum
(das Lied)

Wenn man an Bochum denkt, denkt man natürlich sofort an das gleichnamige Lied. Ach, was sag ich – Lied? Es ist eine Hymne, ein gesungenes Stück Stadtidentität. Ich habe als gebürtiger Bochumer nur ein Problem damit: Der Song stammt aus dem Jahre 1984, und seitdem hat sich vieles, ja sogar sehr vieles verändert. Daher möchte ich an dieser Stelle über 25 Jahre später einen genauen Blick auf die Aktualität des Textes werfen. Was singt Grönemeyer da noch mal genau?

»Tief im Westen ...«

Stopp! Das stimmte schon 1984 nicht! Wenn man sich die Karte von Nordrhein-Westfalen ansieht, dann liegt das Ruhrgebiet zwar west-LICH, aber links davon kommen noch das Rheinland und die Eifel, von tief kann also nicht die Rede sein. Und Bochum selbst liegt geographisch sogar ziemlich genau in der Mitte des Ruhrgebiets ...

»... wo die Sonne verstaubt ...«

Okay, lassen wir dem Dichter diesen Wildwestromantik-Moment und gestehen ihm visionäre Lyrik zu: Grönemeyer singt schon in den achtziger Jahren von Feinstaub.

»... ist es besser, viel besser, als man glaubt.«

Hier tritt das bekannte Phänomen des Schönredens auf, das im Ruhrgebiet weit verbreitet ist.

»Du bist keine Schönheit ...«

Korrekt!

»... vor Arbeit ganz grau ...«

Nach der Schließung von Nokia und der anhaltenden Krise im Bochumer Opelwerk sollte man das mit der Arbeit noch mal überdenken. Und grau ist Bochum vor allem durch den Schmutz der nie fertig werdenden Baustellen. Hatte ich schon Feinstaub erwähnt?

»... liebst dich ohne Schminke ...«

Gut. Dass Bochum ein paar Jahre später ein Musical mit stark geschminkten, singenden Rollschuhläufern beheimaten sollte, konnte Grönemeyer 1984 nicht wissen.

»... bist 'ne ehrliche Haut ...«

Bis auf den sozialdemokratischen Filz im Rathaus.

»... leider total verbaut, aber gerade DAS macht dich aus!«

Noch mal zur Erinnerung: Der Mann wohnt in London. Ich sehe es nicht als Auszeichnung an, wenn meine Heimatstadt unter der Umtriebigkeit der Tief- und Hochbauunternehmen leidet. Etwas weniger »ausmachen« wäre mir da lieber.

»Du hast 'n Pulsschlag aus Stahl ...«

Schön gedichtet, kann man nicht anders sagen! Touché! Ich würde ja noch zufügen: Und 'nen Stuhlgang aus Koks.

»... man hört ihn laut in der Nacht ...«

Ich habe lange in unmittelbarer Nähe einer Fabrik gewohnt. Kann ich also bestätigen.

»... bist einfach zu bescheiden ...«

Was sich ja nun nach Veröffentlichung dieser Liebeserklärung erledigt hatte. Fortan hörte man den Song an jeder Ecke, und noch heute wird er bei jeder Gelegenheit stolz mitgesungen. Bei Heimspielen des VFL Bochum grölen die Fanmassen das Echo von »Westehen ... ehehen ...ehehen ...« mit. Das ist schon ein Erlebnis. Musikalisch nicht schön, aber beeindruckend! Bescheiden aber auf keinen Fall!

»... dein Grubengold hat uns wieder hochgeholt ...«

Dieser Reim tut zwar körperlich weh, ist aber inhaltlich korrekt.

»... du Blume im Revier ...«

Welche Blume er meint, verschweigt der Dichter an dieser Stelle und überlässt es dem Zuhörer, seine Phantasie schweifen zu lassen. Eine Rose? Ein Mauerblümchen? Eine Pissnelke? Oder ein bunt gemischter Strauß von alledem?

»... Bochum, ich komm aus dir ...«

Stimmt nicht: Der Mann wurde in Göttingen geboren. Dafür kann er nichts, aber richtig muss es heißen: »Ich kam ZU dir!«

»... Bochum, ich häng an dir ...«

Das sei ihm zugestanden.

»... Glückauf, Bochum!«

Darüber kann man ein ganzes Kapitel schreiben (siehe auch: Verhörer: Afrika – Bochum).

Der Rest des Songs geht völlig in Ordnung. Besonders die Stelle über Düsseldorf mag ich. Das mit »wo das Herz noch zählt und nicht das große Geld« kann man so oder so sehen. Was soll man auch machen, wenn man pleite ist? Da bleibt ja nur das Herz, oder? Ein bisschen gewagt finde ich die Stelle, wo Herbert euphorisch über den VFL singt. Selbst Menschen, die sich nicht besonders für Fußball interessieren, wissen, dass der Bochumer Heimatverein höchstens sportliche Mittelklasse bietet und sich manchmal eine regelrechte Scheiße zusammenpölt.

Was mich bei dem Song allerdings immer völlig genervt hat, war das Saxophonsolo. Sind wir denn in New York? Wenn etwas musikalisch überhaupt nicht zu Bochum passt, dann ist das ein Saxophon. Ich habe noch nie, noch NIE in der Bochumer Fußgängerzone einen Saxophonspieler gesehen. Und ich wohn da seit über vierzig Jahren. Selbst wenn da mal einer gewesen sein sollte, dann hätte ihn sowieso das Ordnungsamt sofort eingelocht (siehe auch: Klassik). Vielleicht wäre ein Triangelsolo an der Stelle passender gewesen.

Sprachperle:
Aushäusig

Der Ruhrgebietsmensch an sich ist sehr direkt und unverblümt. »Na, du Arsch!« ist dementsprechend keine böswillige Beleidigung, sondern eine Wertschätzung, mit der wir nur wirklich gute Freunde begrüßen. So sind wir halt – ohne Umschweife und immer auf den Punkt! Auch wenn's manchmal weh tut.
Es gibt einen urbanen Mythos, der dieses für uns typische Sozialverhalten sehr gut illustriert. In Castrop-Rauxel soll mal ein älteres Ehepaar über den Marktplatz gegangen sein. Was an sich jetzt nichts Besonderes ist, so was soll auch bei Langverheirateten noch vorkommen. Doch dann blieb der Mann abrupt stehen und rief seiner Frau hinterher: »Weisse, wat du bist? Weisse, wat du bist?« Die Frau drehte sich um und sah ihren Mann an. Darauf er: »Du bist deinen Absatz am Verlieren!« Das ist zugegebenermaßen nicht besonders eloquent, aber auf den Punkt.
Wir Pottler mögen es eben nicht, wenn man um den heißen Brei herumredet. Ich persönlich kann es zum Beispiel überhaupt nicht leiden, wenn Leute meinen, sie wären etwas Besseres, und dies dann auch noch verbal kundtun müssen. Deshalb sind mir Bürosprachgeplänkel und Businessjargon ein Gräuel. Einmal wollte ich mich mit einem Kumpel (also einem Freund – wir im Pott kriegen das Bergarbeitervokabular einfach nicht raus) mittags zum Essen verabreden. Ich rief also telefonisch bei ihm auf seiner Arbeitsstelle an (kann man eigentlich jemanden auch **NICHT** telefonisch

anrufen?), bekam aber nur seine Sekretärin an den Apparat:

Sie: »Nein, tut mir leid, der Herr ist gerade nicht AM PLATZ!«
Ich: »Entschuldigung, wo ist der nicht?«
Sie: »AM PLATZ!«
Ich: »Wieso AM PLATZ? Ist heute wieder Fußball?«
Sie: »Nein, er ist bereits ZU TISCH!«
Ich: »Wo?«
Sie: »ZU TISCH!«
Ich: »Ach so, Sie meinen, er ist was essen!«
Sie: »Ja!«
Ich: »Dann sagen Sie das doch auch!«

Also wirklich: »zu Tisch«! Ist der plötzlich von heute auf morgen adelig geworden? Oder wurde er über Nacht zum Ritter geschlagen und verkündet jetzt seine Mittagspause mit den Worten: »O höre, meine Gefolgschaft: Es hat halb eins geschlagen. Ich möchte nun sein zu Tisch! Bringet herbei die Speisen. Tafelt auf das Gebratene und Gesottene, denn vernehmet nun die frohe Kunde: Ich möchte itzo sein zu Tisch!« Früher konnte der keine Currywurst essen, ohne sich von oben bis unten vollzusabbern, heute ist der feine Herr also ZU TISCH!

Ich fragte zurück:
»Wenn er von ZU TISCH wieder zurück ist, also AM PLATZ – ist er denn dann zu sprechen?!«
Sie: »Nein, denn dann ist er AUSHÄUSIG!«

Da hatte ich auf einmal keine Lust mehr und habe aufgelegt. Da war ich plötzlich UNPÄSSLICH! Was ist das denn für ein Deutsch? So was sagt man doch nicht. Meine Mutter rief mich früher immer: »Hennes, komm zum Abendessen!«
Da habe ich doch auch nicht geantwortet: »Ja, Mama, sofort! Ich bin noch AUSHÄUSIG!«

Ein paar Tage später rief ich wieder bei meinem Kumpel in der Firma an. Es ging ja schließlich um einen meiner ältesten Freunde, und Freundschaft muss man pflegen. Ich bekam prompt dieselbe Dame an die Strippe, mit der ich bereits vorher das verbale Vergnügen hatte:

»Nein, der Kollege ist gerade …«
Ich wollte schon den angefangenen Satz ergänzen, da erwischte sie mich kalt:
»… IM HAUSE UNTERWEGS!«
Da war ich erst mal sprachlos. Doch dann kam mir die Erkenntnis: Na klar, IM HAUSE UNTERWEGS ist das Gegenteil von AUSHÄUSIG! Das eine ist innen, das andere ist draußen! Wie aber soll ich mir dieses Im-Hause-unterwegs-Sein vorstellen? Es klingt nicht gerade so, als ob der Betreffende genau wüsste, wohin er eigentlich geht. Irrt man ziellos durch die Gänge, wenn man IM HAUS UNTERWEGS ist – so wie ein orientierungsloser Zombie oder ein ruheloser Geist, der seit Jahrhunderten nach Erlösung sucht?
Doch bevor ich etwas derart Schlaues erwidern konnte, meinte die Dame am anderen Ende:

»Kann er Sie denn zurückrufen?«
Ich: »Na, wenn ihm bis dahin nicht die Finger abgefallen sind, kann er das gerne versuchen!«
Sie: »Geben Sie mir doch bitte mal Ihre KOORDINATEN!«
Also, wenn ich mal wieder mit meinem Dreimaster zufälligerweise vor Kap Hoorn bin, schicke ich gerne jedem meine Koordinaten! Wenn es sein muss, auch per Flaschenpost. Aber was sind denn bitte im normalen Alltag KOORDINATEN? So was wie bei Schiffeversenken: A4/B7 – Treffer, versenkt?
Sie: »Oder wann passt es denn am besten in Ihr ZEITFENSTER?«
Ich: »Gute Frau, ich habe kein ZEITFENSTER! Ich lüfte nicht!«
Ende des Gesprächs.
Den Rest des Tages war ich INHÄUSIG und malte meine Wohnung mit KOORDINATEN voll, um nicht umherirrend IM HAUS UNTERWEGS zu sein.

Meinem Freund habe ich übrigens ein mobiles GPS-System geschenkt (ein stationäres GPS wäre ja auch vollkommen sinnfrei). Damit kann er anhand der KOORDINATEN zu seinem PLATZ zurückfinden, egal ob er AUSHÄUSIG ist oder IM HAUSE UNTERWEGS. Hauptsache, es passt in sein ZEITFENSTER.

Bottrop

Jürgen von Manger sang als Adolf Tegtmeier (siehe auch: Komiker) in Anlehnung an den griechischen Wein vom *Bottroper Bier* und über die sprichwörtliche Trinkfestigkeit der Ruhrgebietskumpels. Klar, Bottrop muss man sich ja auch schönsaufen, könnte man jetzt denken. Tatsächlich aber hat kaum eine Stadt vom Strukturwandel im Pott imagemäßig so profitiert wie Bottrop.

Bottrop bietet Ziele für den Massentourismus wie den großen Freizeitpark im Norden (siehe auch: Kinder) oder auch die größte Indoor-Skihalle der Welt – da kann man mitten im Ruhrgebiet auf künstlichem Schnee runterbrettern. Aber nichts toppt das eigentliche Wahrzeichen: das Tetraeder, die begehbare Stahlpyramide hoch oben auf der Halde Prosper. Von weitem sieht das Dreieck unspektakulär aus. Und selbst wenn man direkt davorsteht, denkt man: »SO hoch ist das Ding nun auch wieder nicht.« Doch bereits die erste Treppe geht steil nach oben, und wenn man die erste Plattform erreicht hat und durch das dünne Stahlgeflecht nach unten sieht, kann man schon erahnen, was da noch auf einen zukommt. Denn je höher man das Tetraeder erklimmt, desto stärker weht einem der Wind um die Ohren und bringt die Metallkonstruktion zum Schaukeln und Quietschen. Da geht einem ganz schön der Kackstift. Für Menschen mit Höhenangst ist das hier nichts. Wer es jedoch bis ganz nach oben schafft, dem wird schlagartig bewusst, warum das Tetraeder mit dem Slogan »Haldenereignis« beworben wird: Der Ausblick ist einzigartig. Schöner als von hier oben wird Bottrop nie mehr werden.

Brücken

Nirgendwo gibt es so viele Angeber wie in Berlin. Dauernd wird einem aufs Auge gedrückt, wie toll und schön es dort ist und überhaupt wäre die Hauptstadt ja die beste Stadt der Welt. Und wie so oft manifestiert sich das Beste nicht in der Ästhetik, sondern vor allem in Superlativen. Wenn man in Berlin eine dieser touristischen Bootsfahrten auf der Spree unternimmt, bekommt man immer wieder per Lautsprecher ungefragt um die Ohren gehauen, wie schön groß hier doch alles ist, wie oft der Kölner Dom in den Friedrichstadtpalast reinpassen würde (oder war es die Sixtinische Kapelle in das KaDeWe?). Und schauen Sie sich doch mal rechter Seite den neuen Hauptbahnhof an, ist der nicht ... GROSS!? Natürlich ist der groß! Und hässlich! Ich nenne den Berliner Hauptbahnhof ja zärtlich Germania. Speer hätte an dem Klotz bestimmt seine Freude gehabt!

Manchmal frage ich mich wirklich, welche Komplexe eigentlich zu so einem vergleichenden Größenwahn führen. Der Hammer war allerdings, als der Bootsausflugsmoderator voller Stolz erwähnte, dass Berlin zwölfmal so viele Brücken hat wie Amsterdam. Ja geht's denn noch? Berlin ist ja auch circa 30-mal so groß wie Amsterdam. Können diese Menschen eigentlich nicht proportional denken? Ganz ehrlich: Mir ist es schnurzpiepegal, wie groß, wie breit, wie hoch und wie tief etwas ist. Hauptsache, es ist schön! Oder zumindest sehenswert. Und außerdem: Berlin ist gar nicht die größte Stadt Deutschlands. Das ist nämlich Salzgitter. Flächenmäßig. Wirklich! Aber wohnen möchte man deswegen in Salzgitter auch nicht!

Auf jeden Fall mag ich Brücken. Auch die in Berlin. Meine persönliche Lieblingsbrücke ins Ruhrgebiet ist die gigantische Ruhrtalbrücke über die A52, die zwischen Mülheim-Mintard und Essen-Kettwig die Ruhr überquert. Die ist so was wie unsere Golden Gate Bridge. Nicht so rot und auch nicht so schön, aber der Blick ins Tal ist wirklich überwältigend, weswegen die Brücke genau wie ihre Schwester in San Francisco bei Selbstmördern sehr beliebt ist.

Aber auch die kleineren Brücken im Revier haben ihre Reize, wenn auch ihre ganz eigenen. Die blau-rote Stahlkonstruktion, die den Mülheimer Norden und Oberhausen verbindet, ist beispielsweise keine klassische Schönheit, aber wer von dort aus auf die Bahnschienen und die industrielle Umgebung blickt, kann sich zumindest in etwa vorstellen, was der Ruhrgebietsmensch meint, wenn er von »zu Hause« spricht.

Eine Sensation ist die Schwebebrücke hinter der Bochumer Jahrhunderthalle. Erst mal führt sie direkt auf die Erzbahntrasse, die man am besten mit dem Fahrrad befährt. Und zweitens steh ich jedes Mal auf diesem wackeligen und schwungvoll gewundenen Ding und frage mich: »Wie hält das Teil?«

Wie gesagt, ich mag Brücken, ich überquere sie gerne, ich stehe auf ihnen und lasse den Blick schweifen und nutze sie manchmal auch ganz profan als verkehrstechnische Verbindung zwischen zwei Punkten. Aber eines würde ich niemals tun, denn ich verstehe es einfach nicht: Warum gibt es Menschen, die auf Brücken stehen und Autos hinterherwinken? Was sind das für Leute, die sich dieser Teildisziplin des im Pott weitverbreiteten Volkssports Nachgucken (siehe auch: Nachgucken) widmen? Vielleicht denken die sich: »Ich hab schon alles auf der Welt gesehen, hab jedes Land bereist und jedes Buch gelesen – was soll ich denn mit dem Rest der mir verbleibenden Zeit anfangen? Ach, ich weiß: Ich fahre zu einer Autobahnbrücke und winke Menschen hinterher, die unter mir in eine bessere Zukunft fahren. Am besten ich stelle mich mit meiner ganzen Familie dorthin. Und wenn den Kindern langweilig ist, können die ja immer noch mit Steinen schmeißen!«

Nachtrag: In diesem Buch gibt es einige Stellen, die vermuten lassen, dass ich eine Abneigung gegen die Stadt Berlin hätte. Dem ist nicht so. Berlin ist toll. Ich liebe Berlin. Ich habe sogar eine Berlinerin geheiratet. Ein größeres Kompliment kann ich dieser Stadt nicht machen.

Budenzauber

Der erste Gegenstand, den ich jemals bei eBay ersteigert habe, war eine alte Langnese-Fahne, wie sie früher überall an den Kiosken und Buden hing und von weitem gut sichtbar signalisierte: Hier gibbet Eis! So ein rot-blau-weiß gestreiftes Ding hängt jetzt über meiner Badewanne und erinnert mich täglich an die gute alte Zeit, als ich als Köttel jeden, aber auch wirklich jeden Tag zur Bude ging (siehe auch: Yps).

Manchmal reicht EINE Bude eben nicht aus.

Die Bude ist das Herz des Ruhrgebiets. Hier läuft alles zusammen, hier dreht sich der Pottmensch um sich selbst und hier ist der Nabel seiner Welt. Die Bude bietet nicht nur wichtige Grundnahrungsmittel wie Bier und Zigaretten an, hier trifft sich das Viertel, man tauscht wichtige Informationen oder Fußballbilder, und es entstehen Freundschaften, die meist ein Leben halten. Was die Definition des Begriffs Bude angeht, sind wir übrigens sehr pedantisch. Eine Bude ist nur durch ein kleines, mit Waren vollgestelltes Ausgabefenster einsehbar. Dort findet meist nur ein einziges menschliches Wesen Platz – das dort in der Regel auch zu wohnen scheint. Ich fand das Innenleben dieser Buden immer besonders geheimnisvoll und fragte mich oft, was sich hinter den Türen und Verschlägen des Kabuffs so befindet. Ich stellte mir ganze

Lagerräume vor, bis unter die Decke gefüllt mit Klümpchen, also Bonbons, Lakritzschnecken und Leckmuscheln.

Doch was sich wirklich im Inneren der Buden verbirgt, muss im Verborgenen bleiben. Sobald man die Verkaufsstelle begehen kann, handelt es sich automatisch nicht mehr um eine Bude, sondern um einen Kiosk, und die ganze Mystik ist dahin. Und außerdem heißt es ja auch schließlich: an die Bude gehen und nicht in die Bude.

In Düsseldorf sagt man auch gerne Büdchen, ein Begriff, den wir im Pott gar nicht gerne hören. Wir verniedlichen unsere Buden nicht, wir nehmen sie ernst. Manche Besitzer wollen ihre Bude besser machen, als sie ist, und geben ihr dämliche Namen wie Verkaufshalle, Minimarkt oder – am schlimmsten – Happyshop. Die Namensgebung wurde in den letzten Jahren immer kreativer: In Witten habe ich sogar mal ein Etablissement namens Hilde's Verkaufs Shop gesehen.

Offiziell hießen diese Buden früher Trinkhallen, wobei der Begriff Halle in Anbetracht der Größenverhältnisse etwas gewagt war. Hier haben sich die Kumpels vor und nach der Schicht einst mit Mineralwasser versorgt. Als die Zechen nacheinander geschlossen wurden, durfte es dann auch gerne etwas Hochprozentigeres sein. Nie werde ich die Impressionen vergessen, die sich mir in meinem heimatlichen Viertel Bochum-Laer zwischen 14 Uhr und 14:30 Uhr offenbarten. Dann nämlich hatte die Mittagsschicht bei Opel Pause, und überall saßen beblaumannte Werksangehörige auf Stromkästen und pfiffen sich ein Pülleken Bier von der Bude gegenüber rein – ob aus Frust oder zur Erfrischung sei jetzt mal dahingestellt. Meist war es wohl beides.

Ein Budenbesitzer ist nicht einfach nur ein Verkäufer. Er ist Vertrauter, ein Ansprechpartner, für einige ein Freund und für nicht wenige sogar der einzige.

Das Budensterben hat für das Ruhrgebiet in den letzten Jahren sogar fast noch fatalere Auswirkungen gehabt als die Schließung der Zechen. Hier geht es um den Erhalt von Infrastruktur im unmittelbaren Lebensbereich. Der größte Feind der Bude ist die Tankstelle. Benutzen Sie also die Nachttankstellen bitte nur, um Ihr Auto zu befüllen, Ihre Grundnahrungsmittel wie Wasser, Bier und Süßigkeiten kaufen Sie bitte immer schön an Ihrer Bude – auch wenn's manchmal ein paar Cent teurer ist. Die Investition lohnt sich. Support your local dealer! Stand by your Bude!

Bullemann

Vergessen Sie Freddy Krüger, Dracula oder Hannibal Lecter. Der wahre Horror kommt aus dem Ruhrgebiet und heißt Bullemann! Das jedenfalls wollten unsere Erziehungsberechtigten uns weismachen, wenn wir als Blagen mal wieder nicht spuren wollten oder zum wiederholten Male erst nach Einbruch der Dunkelheit zu Hause waren. »Wenn du nicht brav bist, kommt der Bullemann!«, hieß es dann immer. Keine Spur von Supernanny damals, sonst hätte es bestimmt den Zusatz gegeben: »… und der setzt sich dann mit dir auf die stille Treppe!«

Es gab keine Bilder oder Fotos vom Bullemann, was ihn in unserer kindlichen Phantasie noch unheimlicher machte. Wir mussten ihn uns vorstellen! Der Typ hatte jedenfalls trotz seines Namens, nichts mit der Polizei zu tun. Obwohl wir auch vor denen einen Heidenrespekt hatten – vor allem, als sie noch Jägergrün trugen, noch nicht Kontaktbereichsbeamte hießen und sich nicht von SAT1-Fernsehteams bei der Arbeit filmen ließen. Der Bullemann war auch nicht mit dem ähnlich klingenden Bi-Ba-Butzemann verwandt, da wusste man ja dank des Liedtextes, was der so macht: »Er rüttelt sich und schüttelt sich und wirft sein Säcklein hinter sich.« Sie wissen schon. Wir hatten damals jedenfalls immer, wenn vom Bullemann die Rede war, mächtig Schiss in der Buxe, und das war ja auch die pädagogische Intention unserer Erzeuger.

Na toll, ein imaginärer Vollstrecker also, der ganzjährig den Job des heiligen Weihnachtsmannes machen musste: uns Köttel einschüchtern. Und das hat funktioniert. Der Bullemann hat ganze Generationen von Kindern traumatisiert. Er ist das personifizierte schlechte Gewissen meiner Ruhrgebietskindheit. Selbst heute denke ich auf dem nächtlichen Heimweg manchmal, dass er hinter mir hergeht. Neulich hab ich ihn sogar gesehen! Er trug schwarze Klamotten, einen großen Schlapphut und einen langen Stock. Seltsam nur, dass seine Cordhosen unten an den Beinen einen unmodischen riesigen Schlag hatten. Könnte bei genauerem Nachdenken auch ein fahrender Zimmermann gewesen sein. Na und? Mir doch egal, wovor ich Angst hab!

Ich frage mich ja ehrlich, warum noch keiner auf die Idee gekommen ist, den Bullemann zu verfilmen, so als Ruhrpott-Horror-Slasherfilm. Wer die Hauptrolle spielen soll, ist ja wohl auch klar: Ralf Richter. Das wird bestimmt ein Welterfolg. Zumindest im Ruhrgebiet.

C

Castrop-Rauxel

Wer hier einen abgedroschenen Witz reißen will, dem kann ich diesen hier ans Herz legen: »Castrop-Rauxel ist das lateinische Wort für Wanne-Eickel.« Ha Ha Ha! Wat ham wir gelacht! Glauben Sie mir: DEN Gag kennt man hier. Aber irgendwie ist auch was Wahres dran. Die kleine Stadt ist zwar keine Schönheit (so wie Bochum), aber immerhin darf sie sich »Europastadt im Grünen« nennen. Für Außenstehende klingt der Name Castrop-Rauxel so unwirklich wie Buxtehude. Existiert diese Stadt tatsächlich oder ist sie nur ein Mythos? Deswegen mein Vorschlag für einen neuen Stadtslogan:

»Castrop-Rauxel: Uns gibt's wirklich!«

Cranger Kirmes

»Gleich hat dein Arsch Kirmes!«

Genau wie »Ich komm euch gleich dahin!« oder das ähnlich beliebte »Jetzt ist aber Ruhe im Karton!« ist dieser Ausdruck im Ruhrgebiet als eine sehr ernstzunehmende Ankündigung autoritären Einschreitens zu verstehen. So richtig begreifen kann man diese Formulierung aber erst, wenn man die Cranger Kirmes in Herne besucht hat. Denn hier hat quasi das kollektive Gesäß des Potts Kirmes, und das meine ich jetzt nicht etwa despektierlich, sondern klassen- und gesellschaftsübergreifend. Nirgendwo kann man sich auf niedrigstem Niveau so gut unterhalten lassen wie hier. Crange ist so was wie unser Las Vegas. Zehn Tage im Sommer ist auf dem Platz im Norden von Herne vergnügungstechnischer Ausnahmezustand. Vergessen Sie das Oktoberfest, den Hamburger Dom oder die Canstätter Wasen: Hier tobt der Papst, hier fliegt die Luzie, hier boxt der Bär im Kettenhemd. Wer den Familientag auf Crange überlebt, den kann nichts mehr schocken. Dagegen ist der Karneval in Rio eine Butterfahrt. Hier prallen wirklich Welten aufeinander, und sämtliche Bevölkerungsschichten des Reviers verschmelzen zu einer einzigen amüsiergeilen Masse. Wenn Sie nicht auf Menschenaufläufe, laute Bumsmusik und den Geruchssinn beleidigende Nahrungsmittel stehen, dann gehen Sie doch in die Oper.

Auf der Cranger Kirmes hat man »Spaß inne Backen«, und zwar in allen vieren. Dieses Fest ist vor allem eins: heftig! Und natürlich wirft man auch hier mal wieder mit Superlativen um sich: größte Kirmes Deutschlands, das Volksfest mit den meisten Besuchern pro Quadratzentimeter … bla, bla, bla. Wer sich für Zahlen interessiert, soll bei Wikipedia suchen oder BWL studieren. Das Wichtigste ist doch, dass auf Crange für jeden was dabei ist. Dabei ist fraglich, was da jetzt gruseliger ist: die

Geisterbahnen oder die hygienischen Zustände der mobilen sanitären Anlagen.

Ich habe auf der Kirmes immer die Losverkäufer bewundert, jene Urväter aller Neun-Live-Moderatoren, die vor in chinesischen Provinzen in mühsamer Handarbeit angefertigten Qualitätsspielzeugen stehen und zum Kauf von nummerierten Papierschnipseln aufrufen. Diese Menschen zeichnet vor allem ihre undeutliche Aussprache aus. Verstärkt wird die Unverständlichkeit ihres Vortrages noch durch ein völlig ramponiertes Mikrofon aus Kriegsbeständen, das für eine schlechtere Akustik noch mit einem Stofftuch umhüllt wird, um möglichst alle hohen Frequenzen zu eliminieren. Zu gewinnen gibt es immer wertvolle Sachpreise, deren technische Funktion, so es denn eine gibt, meistens noch auf dem Kirmesgelände den Geist aufgibt. Gerne werden auch Stofftiere aus 100 % entflammbarem und garantiert nicht recyclebarem, hautunverträglichem Polyacryl verlost.

Zentraler Treff- und Angelpunkt einer jeden Kirmes ist natürlich der Autoscooter. Nicht etwa, weil sich das ungelenke Manövrieren in elektrischen Blechnussschalen als Fortbewegungsmittel der Zukunft durchgesetzt hätte, sondern weil man hier immer noch am besten das andere Geschlecht abchecken kann.

Hier wird man als Mädchen angebumst, ohne später den Eltern gegenüber in Erklärungsnöte zu kommen. Und nur hier konnte man sich so herrlich blamieren, wenn man sich mal wieder zwischen zwei Scootern hoffnungslos verkeilt hatte oder beim Start-Tuut gar nicht erst aus der Parklücke herauskam. Denn dann kam ER, der unbestrittene und ungekrönte König des Rummelplatzes, der King der Kirmes, der Herr über Raum, Zeit und das Universum: der Mann mit dem Autoscooter-Generalschlüssel. Und nichts war peinlicher, als sich vor allen Leuten von diesem Mann beim Ausparken helfen zu lassen.

Aber wie kam man an den wohl besten Job der Welt? Ganz einfach: Man musste auf die Annonce »Junger Mann zum Mitreisen gesucht« antworten, und schon begann das Vagabundenleben, von einer Stadt zur nächsten, und auf jedem Rummelplatz ein anderes Mädchen, ein Leben auf der Straße, in den Haaren nur der Wind und der Geruch von mobilen Toiletteneinheiten der Marke Dixie. Ein moderner Zigeuner, ein Kirmespirat, und immer dabei der heilige Gral: DER Schlüssel, der jeden, aber auch jeden Autoscooter kurzschließen kann, nur echt mit abgewetztem Fuchsschwanz als Anhänger. Was für ein Traumjob.

Ja, damals hatte der Begriff Scooter noch eine positive Bedeutung – man musste nicht automatisch an in Megaphone brüllende Stampfmusiker aus Ostfriesland denken (wahrscheinlich kommt daher auch der Begriff Kirmestechno). Und obwohl ich einen anderen Beruf ergriffen habe, so fühle ich mich im Herzen den jungen, zum Mitreisen gesuchten Männern immer noch verbunden. Denn mittlerweile ziehe ich selber rastlos von Ort zu Ort, und irgendwie ähneln die Veranstaltungen, auf denen ich auftrete, manchmal dem Treiben einer bunten Dorfkirmes. Gut, das Einparken fällt mir heute nicht mehr so schwer, immerhin hat mein Auto eine automatische Einparkhilfe, und junge Männer zum Mitreisen suche ich auch nicht. Aber an meinem Autoschlüssel hängt ein einsamer Fuchsschwanz. Man darf ja wohl noch träumen. Cranger Kirmes ist ja schließlich nur einmal im Jahr!

Selbst erlebt:
Durchsage auf der Cranger Kirmes eines Fahrgeschäftsansagers: »Ihr werdet den Namen eurer Mutter vergessen – den Ranger vergesst ihr nie!«

Currywurst

In Bochum gibt es einen Imbiss, der sich bescheidenerweise Wurst-König nennt. Über der Theke hängt der Slogan: »Hier schmeckt die heiße Wurst!« Das ist doch mal eine klare Ansage. Und der Spruch stimmt sogar: Die Wurst dort ist vorzüglich. Doch was wäre, wenn andere Imbisse diesem Beispiel folgend offen die Wahrheit über die Qualität ihrer Produkte kundtäten? Da würde überall stehen: »Hier schmeckt die heiße Wurst NICHT so gut!« Oder auch: »Hauen Sie bloß ab, wenn Sie sich keine Lebensmittelvergiftung holen wollen!« Das wäre zwar nicht sehr verkaufsfördernd, aber zumindest ehrlich.
Seitdem die Currywurst von Herbert Grönemeyer im Jahre 1982 besungen wurde, denkt jeder, in Darm gepresstes Restfleisch wäre das Hauptnahrungsmittel der Ruhrgebietsbewohner. Dabei wurde dieses kulinarische Meisterstück noch nicht mal im Pott erfunden. Seit Jahren schlagen sich Berliner und Hamburger um die zweifelhafte Ehre, diese urdeutsche Nahrungskreation auf die Welt losgelassen zu haben. Uns Menschen im

Ruhrgebiet interessieren solche lokalpatriotischen Kleingeistigkeiten nicht. Uns interessiert noch nicht mal, wo es die beste Currywurst gibt. Uns interessiert allein, WO es Currywurst gibt. Ob sie dabei persönlich mit der Schere zerteilt oder durch den automatischen Wurstschredder gejagt wird, ist uns – Achtung – Wurst! Hauptsache, schön in kleine mundgerechte Stücke geschnibbelt. Fingerfood eben. Da braucht man auch nicht so viel zu kauen – soll ja auch schnell gehen. Wir sind schließlich keine feinen Leute – und nicht ZU TISCH!
Der Kult, der seit Jahrzehnten um diese Wurst gemacht wird, geht uns manchmal gehörig auf die Pelle. Currywurst (oder auch nur C-Wurst genannt) gehört bei uns einfach dazu. Wer da ein großes Trara drum macht, hat unser Konzept von effizienter Nahrungsaufnahme

Was es hier nicht gibt, braucht man auch nicht.

nicht verstanden. Es gab bei uns eine Zeitlang das Phänomen der Nobelimbisse, in denen man Currywurst mit Goldblattbelag bestellen konnte (kein Scherz), natürlich mit Aufpreis, je nachdem, wo der Goldpreis gerade stand. Diese Restaurants haben sich Gott sei Dank im Ruhrgebiet nicht durchgesetzt, es soll noch einzelne Filialen im Düsseldorfer Medienhafen geben, aber da die Landeshauptstadt ja nicht zum Ruhrpott gehört, soll uns das an dieser Stelle recht wenig interessieren.

Wer im Ruhrgebiet eine Currywurst bestellt, bekommt übrigens eine Bratwurst und nicht wie anderswo ein Brühwürstchen. Und niemand fragt wie in Berlin: »Mit oder ohne Darm?« Wie eklig ist DAS denn? Das geht doch nun wirklich niemanden was an!

D

Datteln

Nein, ich meine damit jetzt nicht getrocknete Palmenfrüchte. Die Stadt heißt so. Darüber macht man hier keine Scherze. Wer Witze über Datteln macht, ist Feige. Oder ’ne Pflaume.

Offiziell darf sich Datteln übrigens als größter Kanalknotenpunkt der Welt bezeichnen, denn hier fließen vier wichtige Binnenkanäle der Region zusammen. Aufgrund des hohen Wasseraufkommens wird Datteln auch gerne das Venedig des Ruhrgebiets genannt. Da kann auch nur jemand draufkommen, der noch nie in Venedig war. Immerhin gibt es hier nicht ganz so viele Tauben, und es riecht besser.

Dinslaken

Der Name dieser Stadt erinnert mich immer irgendwie an fiese Bettwäsche. Dinslaken klebt nördlich an Duisburg, Bottrop und Oberhausen und ist damit die letzte

Pott-Enklave vor dem Niederrhein. Bekannt und berüchtigt ist die Stadt als Heimat des singenden Brusthaartoupets Michael Wendler, des Hausfrauen- und Schwiegermutterbeglückers der Nation. Dass dieser Mann nicht unter seinem bürgerlichen Namen berühmt wurde, finde ich persönlich etwas schade. Denn dann würde es überall heißen: »Heute große Schlagernacht mit Michael Skowronek!« Da würde ich dann sogar hingehen.

Sprachperle:
»Pottsblitz!«

Woher kommt eigentlich der Spruch: »Dich soll der Blitz beim Kacken treffen.« Jetzt mal ehrlich: Das klingt doch nicht so, als ob sich das jemand mal ausgedacht hat. Oder hat das vielleicht ein einsamer Dichter in seinem stillen Kämmerlein verfasst: »... und als die Sonne unterging, traf den Ritter Kunibert der Blitz beim ...«

Nein, ich persönlich glaube, dass es jemandem wirklich mal passiert sein muss. Sonst würde es den Spruch doch nicht geben.

Wahrscheinlich ist Folgendes geschehen: Auf einem einsamen Bauernhof wartet eine Bäuerin abends auf ihren Mann, der noch im Wald ist, um Holz zu holen. Auf einmal verfinstert sich der Himmel. Dunkle Wolken ziehen auf, es beginnt zu donnern und zu blitzen, und schließlich bricht ein Unwetter aus, wie es die Bäuerin noch nie erlebt hat. Die arme Frau sorgt sich natürlich: »O Gott, hoffentlich passiert meinem armen

Mann nichts dort draußen im Wald!« Doch der Bauer kommt und kommt nicht nach Hause. Die Bäuerin zündet Kerzen an und fängt an zu beten ... »O Gott, wo bleibt nur mein Mann? Herr im Himmel, mach, dass ihm nichts zustoßen möge!«
Irgendwann mitten in der Nacht geht die Tür zur Stube auf. Der Bauer tritt ein, nur noch ein Schatten seiner selbst – schwankend, völlig schwarz verkohlt, Rauch steigt aus seinen Haaren auf, seine Hose hängt in den Kniekehlen –, und er spricht: »BOAH! Weib. Höre: Mir is wat passiert, dat wirst du mir nicht glauben! Aber es wird in den deutschen Sprachgebrauch eingehen, das versprech ich dir! Und jetzt gib mal ganz schnell Klopapier!«

Dortmund

Kennen Sie den Flughafen von Playmobil? Ja? Dann kennen Sie auch den von Dortmund. Der ist fast genauso klein. Verlaufen so wie in Frankfurt oder München kann man sich da also nicht. Aber bis man erst mal dort angelangt ist, vergehen wichtige Urlaubsstunden. Am besten, man lässt sich hinbringen, zum Beispiel von Freunden oder von Taxis. Das eigene Auto auf einem der Parkplätze abzustellen und dann zum Terminal zu gelangen, hat mich schon des Öfteren wertvolle Nerven gekostet, denn der sogenannte Shuttle-Service (sprich: der Linienbus, der einen dort hinbringen soll) kommt unregelmäßig und manchmal auch gar nicht. Als ich im Sommer 2008 nach einem stark verspäteten Flug gegen 23 Uhr aus Krakau am Dortmunder Flughafen ankam, fuhr dort gar nichts mehr. Kein Bus, kein Taxi, keine Rikscha. Erst mein beherztes Auftreten bewog den letzten verbliebenen Serviceangestellten, einen Bus zu den kilometerweit entfernten Parkplätzen zu schicken. Von Polen nach Dortmund war also kein Problem, aber von dort zu meinem Auto zu gelangen war fast unmöglich. Wenn der Fernverkehr gut klappt, warum sollte dann auch der Nahverkehr funktionieren? Eine bekannte Problematik im Ruhrgebiet.

Wenn man früher in Dortmund mit dem Zug ankam, stand dort am Bahnhofsgebäude in riesigen Lettern: »Dortmund: Deutschlands Bierstadt Nummer eins!« Aha! Hier wird also gesoffen, und man ist auch noch stolz drauf. Hier steht man zu seiner Leberzirrhose. Na, denn Prost! Die große Zeit der Brauereien ist zwar vorbei, heute sind es nur noch zwei von ehemals fast hundert, aber immer noch prangt das große U über der Stadt. Das steht nicht etwa für eine überdimensionierte U-Bahn-Station, sondern (die Alkoholiker unter Ihnen haben es bereits erraten) für die ehemals dort ansässige Union Brauerei. Heute ist in das Gebäude unter dem U das ehemalige Freizeitzentrum West (FZW) eingezogen, das neben der Live Station einer der vielen fast schon legendären Indie-Veranstaltungsorte in Dortmund ist.

Wem die Westfalenhalle zu protzig ist, der kann hier auf viele kuscheligere Spielorte ausweichen. Zum Beispiel auf das kleine Cabaret Queue oder das Fletch Bizzel, das quasi mein Wohnzimmer in Dortmund ist. Schön ist auch das im Spätherbst stattfindende Watt'n'

Wie damals beim Glücksrad. Ich kaufe ein »U«

Hallas-Comedy-Festival im Fritz-Henssler-Haus. Apropos: Dortmund hat auch noch die erfolgreichste Karnevalsveranstaltung im Ruhrgebiet, den Geierabend, der sich von einem alternativen Spontispaß im Geiste der Stunksitzung zu einem höchstkommerziellen, aber immer noch sehenswerten Event gemausert hat. Wat die Kölner können, können wir eben auch.

Und dann gibt's noch das Subrosa in der Nordstadt. Wenn man EINE Kneipe in Dortmund (und derer gibt es viele) gesehen haben sollte, dann diese Hafenschänke. Man fühlt sich hier wie auf St. Pauli, obwohl hier natürlich ein anderer Fußballclub zelebriert wird. Der Name hat nichts mit einer schwulen U-Boot-Mannschaft zu tun, wie ich zunächst vermutet hatte, sondern ist lateinisch und bedeutet »unter der Rose gesprochen«, also »streng geheim«. Was im Subrosa passiert, bleibt also im Subrosa.

Doch auch die Hochkultur hat in Dortmund ihren Platz, irgendwo muss der Kulturetat ja hin. Dortmund hat neben Schauspielhaus und Oper auch noch ein Konzerthaus, das zwar die Hälfte der Zeit leer steht, aber dafür schick aussieht. Aber den größten Clou hat man im Süden der Stadt. Dort soll der halbe Stadtteil Hörde geflutet werden, um wie Phoenix aus der Asche einen künstlichen See als Freizeitattraktion zu erschaffen. Deswegen heißt das Ganze dann auch Phoenix-See, welch treffliche Koinzidenz! Das Gelände ist ehemaliges Hoeschgebiet und mit Chemikalien und Schwermetallen stark belastet – das scheint aber keinen zu stören. Mal sehen, vielleicht schwimmen dort irgendwann dreiäugige Fische im Wasser. Auch das ist mal wieder ein Beispiel

Hauptsache: Sportsbar

für den Erfindungsreichtum der Ruhris: Wenn was nicht schön ist, kommt eben Wasser drüber und Boote drauf: Wird schon! Alles in Dortmund!

Duisburg

Wer in Duisburg ist, steht schon mit einem Bein im Rheinland. Deswegen wird Duisburg auch höchst originell »Stadt am Rhein« genannt, um die anderen Städte neidisch zu machen. Allerdings ist das in Deutschland nichts Besonderes. Immerhin liegt Ludwigshafen auch am Rhein, ist aber ungleich hässlicher als Duisburg, was einiges heißen will. Aber für das Ruhrgebiet ist die Rheinlage schon deswegen etwas Besonderes, weil Duisburg die EINZIGE Stadt im Pott ist, die am Rhein liegt, und darauf ist man hier besonders stolz. Ebenso auf den Hafen, der nach eigenem Bekunden der größte Binnenhafen Europas ist. Das mag statistisch stimmen, aber wer jemals eine Hafenrundfahrt in Hamburg gemacht hat, wird über das Duisburger Becken nur müde lächeln können. Größe ist eben nicht alles. Ausgeschildert wird der Hafen neuerdings als »Duisport«, meiner Meinung nach sollte die Verwendung dieser Wortschöpfung unter Strafe gestellt werden. Geprägt wurde Duisburg jahrzehntelang von dem Schmuddeljacken tragenden Tatort-Kommissar Horst Schimanski (siehe: Schimanski), kongenial dargestellt von Götz George. So richtig weiß ich nicht, ob der Begriff kongenial hier überhaupt passt, aber ich wollte ihn in diesem Buch unbedingt mal verwenden. Sehen Sie: Angeben kann ich nämlich auch!

Selbst erlebt:
In Duisburg fragt ein Fahrer aus dem Auto heraus einen Fußgänger: »Entschuldigung, ich muss nach Meiderich!«
Der Passant antwortet trocken: »Nein, das müssen Sie nicht!«, und geht weiter!

Düsseldorf

Wenn ich früher im Ausland gefragt wurde, »Where are you from?«, und meine Heimatstadt Bochum nannte, erntete ich immer irritiertes Schulterzucken. Also war ich oft gezwungen zu sagen: »That's near Düsseldorf«, ein Eingeständnis, das eine kolossale Demütigung für jeden Ruhrgebietsmenschen darstellt. Normalerweise könnte uns die schnöselige Landeshauptstadt südlich von Essen am Darmausgang vorbeigehen. Es ist ja auch nicht so, dass da irgendeine offene Feindschaft bestünde, so wie etwa mit Köln. Nein, uns ist Düsseldorf einfach egal. Aus dem Ruhrgebiet fährt man höchstens dorthin, um jemanden vom Flughafen abzuholen oder selber wegzufliegen. Wofür denn auch sonst? Die Altstadt? Entschuldigung, da haben wir im Pott weit bessere Ausgehquartiere, die nicht so extrem von Wochenendsauftouristen überflutet werden. Gut, wir besuchen in Düsseldorf mal die eine oder andere Galerie oder auch ein gutes Theaterstück. Aber dann bloß schnell wieder weg.

Die Düsseldorfer sehen das etwas differenzierter. Wenn der Pott von Nutzen ist, kann man sich dem Proletariat ja mal nähern. So kommt es vor, dass bei wichtigen Gelegenheiten wie dem Kulturhauptstadtjahr 2010 oder anderen Festivitäten über den nördlichen Stadtrand nach Duisburg geschielt wird, um abzuchecken, ob man sich mal wieder beim Ruhrgebiet anbiedern kann. Dabei hat die Landeshauptstadt das doch gar nicht nötig. Die haben doch alles. Düsseldorf ist beispielsweise einer der wichtigsten Standorte der deutschen elektronischen Musik mit einflussreichen Bands wie Kraftwerk, Neu, Propaganda oder Der Plan. Und obwohl eine Düsseldorfer Punkband manchem ungefähr so authentisch vorkommen mag wie ein bayrisches Starkbierlokal auf der Reeperbahn, ist der anhaltende Erfolg der Toten Hosen nicht von der Hand zu weisen. Als die Hosen sich 1983 den Titel *Opel-Gang* auf die Fahnen und die Plattencover schrieben, war man in Bochum von dieser Gratiswerbung nicht besonders angetan und drohte den Rheinpunks mit einer Unterlassungsklage. Logisch und irgendwie auch verständlich, dass die Hosen im Gegenzug nicht begeistert waren, als Opel 25 Jahre später anklopfte und wegen der hauseigenen Krise um Unterstützung bat.

Bizarr wurde es auch, als der Düsseldorfer Marius Müller-Westernhagen laut singend kundtat: »Ich bin wieder hier: in meinem Revier!« Weiter bekannte er, dass er gerne den Dreck rieche und eigentlich und sowieso ja zur arbeitenden Bevölkerung gehöre. Ja sicher. Im Armanianzug. Der weiß ja manchmal gar nicht, wo er ist!

Nach seinem Lieblingsauftrittsort befragt, gab Marius die Dortmunder Westfalenhalle an, weil er das Temperament der Rheinländer so schätze. Rheinland? Westfalenhalle? Nicht genug, dass er in dem Film *Theo gegen den*

Rest der Welt als Ruhrgebietsloser alle Pott-Klischees bestätigt, jetzt annektiert der Mann auch noch Dortmund fürs Rheinland und marschiert mit seinen Gucci-Slippern ungefragt strammen Schrittes ins Ruhrgebiet ein, oder was? Wär er doch in Düsseldorf geblieben!

Also, liebe Landeshauptstadt, um das ein für alle Mal klarzustellen: Wir mögen dich als Nachbarn, und als nahegelegenes Ausflugsziel bist du uns lieb und vor allem teuer. Aber gemeinsam haben wir eben nur recht wenig. Pils bleibt Pils und Altbier bleibt Altbier. Deshalb bleib am schönen Rhein, komm ab und zu mal rüber, aber tu bei Bedarf nicht so, als wärst du einer von uns.

E

Eingemeindungen

1975 war für viele Städte im Pott ein Schicksalsjahr. Stichwort: nordrhein-westfälische Gebietsreform. Da, wo früher viele kleine Städte und Ortschaften eine vielschichtige Stadtlandschaft bildeten, sind heute nur noch große Stadtmonster zu finden. So wurden Wattenscheid von Bochum und Kettwig und Werden von Essen eingesogen und von der Landkarte getilgt. Sie finden seither höchstens noch als Stadtrandteile Erwähnung. Genauso erging es Kirchhellen mit Bottrop und Hohenlimburg mit Hagen: weg! Besonders tragisch finde ich das Schicksal von Eickel, das zunächst von Wanne und dann auch noch von Herne eingemeindet wurde, so dass der Meganame Herne-Wanne-Eickel zustande kam.

Mit der Absorbierung ging natürlich auch die eigene Identität dieser kleinen Orte verloren. Und während in Essen die Stadtteile Werden und Kettwig durch ihre idyllische Lage an der Ruhr wenigstens noch touristische Ziele sind, hat Wattenscheid völlig verloren. Ich habe ein halbes Jahr in Bochum-Wattenscheid gelebt,

HIER MÖCHTE SELBST ICH NICHT ÜBERN ZAUN HÄNGEN!
OER ERKEN-SCHWICK

genauer gesagt in Eppendorf. Das mag in Hamburg ein nobler Stadtteil sein, aber in dem Eppendorf, in dem ich leben musste, möchte man nicht tot überm Zaun hängen.

Wobei ich an dieser Stelle mal anmerken möchte, dass ich NIRGENDWO tot überm Zaun hängen möchte. Weder auf Hawaii noch auf den Malediven, noch im Phantasialand. Und in Wattenscheid-Eppendorf schon gar nicht. Es ist einfach keine schöne Vorstellung, irgendwann mal irgendwo tot überm Zaun zu hängen.

Auf jeden Fall ist in Wattenscheid seit der Eingemeindung nichts mehr los. Aber wenigstens hat man dort noch seine eigene Telefonvorwahl und seit Anfang der neunziger Jahre eine eigene Postleitzahl. Damit ist wenigstens die eigene numerische Identität gewahrt. Der Frust über die Eingemeindung ist aber auch nach über dreißig Jahren noch spürbar. Die Anwohner machen ihrer Wut in Heimatvereinen und Bürgerparteien Luft, und nicht selten sind Stadtschilder mit Graffiti beschmiert oder werden auf andere Weise kreativ verändert. So wird immer wieder auf den gelben Ortsschildern »Wattenscheid Stadt Bochum« das »Stadt« mit einem »Statt« überklebt. Grammatikalisch und ideologisch kreativ sind sie ja schon, die Wattenscheider.

Einmal im Jahr pilgern Tierschutzgruppen nach Wattenscheid, um dort gegen das traditionelle Gänsereiten zu protestieren, ein wirklich sehr widerlicher Brauch, bei dem toten Gänsen im Vorbeireiten der Kopf abgerissen wird. Die Wattenscheider verteidigen sich damit, dass es sich hierbei um einen mittelalterlichen Brauch handelt, der gepflegt werden muss. Waren Hexenverbrennungen und Vierteilungen nicht auch mal Brauch? Oder bin ich da jetzt zu moralisch? Sorry, ich mag Tiere einfach.

Aber was viele nicht wissen, ist, dass einer der berühmtesten Menschen der Welt in Wattenscheid geboren wurde: James Bond! Tatsächlich hat der Autor John Pearson in der offiziellen und autorisierten Biographie den Geburtsort von 007 nach Wattenscheid verlegt. Von hier aus intrigierte Bonds Vater als britischer Diplomat gegen die Firma Krupp. Deshalb kam Klein-James am 11.11.1920 in Wattenscheid zur Welt. Wenn man sich Daniel Craig so ansieht, kann man nur sagen, dass er sich gut gehalten hat. James Bond ist ein gebürtiger Ruhri, das können Herbert Grönemeyer und Jürgen von Manger nicht gerade von sich behaupten.

Aber es hilft alles nichts: Wattenscheid ist weg vom Fenster. Die kleinen Städte im Pott sind von der Bildfläche verschwunden. Nirgendwo habe ich traurigere Menschen gesehen als in den eingemeindeten Städtchen des Reviers. Obwohl die Leute immer noch am selben Ort wohnen und bis auf die Ortseingangsschilder alles geblieben ist, fühlen sie sich ihrer Heimat beraubt wie Vertriebene. Die vielbeschworene Einheit des Ruhrgebiets endet meist schon an den innerstädtischen Grenzen. Traurig, aber Wattenscheid.

Einkaufen

Essen nennt sich stolz die Einkaufsstadt – dort befindet sich nämlich die älteste Fußgängerzone Deutschlands. Wie gesagt: die älteste, nicht die schönste. Auch hier gibt es jetzt eine viel zu große und viel zu hässliche Shoppingmall, ausnahmsweise mal mitten in der Innenstadt. Ansonsten muss man bei uns wie in den meisten anderen Gegenden zum Einkaufen in furchtbar klotzige und anonyme Trabantenzentren am Stadtrand fahren. Dabei kann ein Besuch im Zentrum durchaus ein Erlebnis sein. Wenn man zum Beispiel in Bochum die Innenstadt betritt, fällt einem sofort etwas auf: Man sieht zuerst nur Schuhgeschäfte und Optiker. Die Anzahl dieser Art Spezialgeschäfte ist hier wirklich frappant. An jeder Ecke, wo man auch hinschaut: Optiker und Schuhgeschäfte. Augenkranke Fußfetischisten sind in Bochum also gut aufgehoben.

Das Thema Schuhe ist in den letzten Jahren humoristisch auf den Comedybühnen der Nation mehr als überstrapaziert worden. Es gibt ganze abendfüllende Programme, die sich nur um den Mythos drehen, dass Frauen gerne Schuhe kaufen. Auch an mir ist dieses Thema nicht spurlos vorbeigegangen, allerdings bewegt mich dabei nicht der geschlechtsspezifische Aspekt. Ich kann nämlich diesen Ausspruch nicht mehr hören: Das macht 'nen schlanken Fuß! Dieser Satz wird meist verwendet, um dem Gegenüber die vorteilhafte Auswahl seiner Kleidung verbal zu vermitteln. Einfach »Sieht gut aus« zu sagen reicht ja nicht mehr, es muss schon irgendwie originell sein. Seltsam finde ich auch den Satz: »So rum wird ein Schuh draus!« Ist schon klar: Man muss die Sache, das Problem anders angehen und drehen. Aber wieso wird dann ein Schuh daraus? Was war das denn vorher? Eine Handtasche? Kann doch sein: Vielleicht hat irgendwann mal ein Schusterlehrling bei seiner

Arbeit aus einem inneren Zwang heraus immer nur Handtaschen statt Schuhe aus dem Leder gefertigt. Dann nahm ihn sein Meister zur Seite und zeigte seinem Stift, wie durch geschicktes Auf-links-Drehen des Objekts ein Schuh daraus wurde. Anders kann ich mir diesen Sinnspruch nicht erklären.

Ich habe übrigens mehr Schuhe als meine Frau. Ich weiß, ich erfülle damit nicht die in Stein gemeißelten Beziehungsklischees, es ist aber wirklich wahr. Das liegt an einer simplen Tatsache. Ich habe Schuhgröße 39. Das steht für einen 1,63 Meter kleinen Mann zwar in einem guten und ausgewogenen Verhältnis zum Rest seines Körpers, entspricht aber nicht der Norm westeuropäischer Männerfußmode. Ich lebe also als Mann auf sehr kleinem Fuß. Eigentlich sogar auf zweien.

Wenn ich in ein Schuhgeschäft gehe, bin ich erst mal aufgeschmissen. Denn dort fangen die Schuhe für Herren meist erst bei Größe 41 an. Wenn's hoch kommt, liegen vielleicht zwei Paar Größe 40 in irgendeiner Ecke. Aber 39? Keine Chance! Wissen Sie, was passiert, wenn ich in ein Schuhgeschäft gehe und dem Verkäufer erkläre, dass ich Schuhe in Größe 39 suche? Ich werde in die Kinderabteilung geschickt! Zu Salamander! Ich darf mir was aus dem Lurchi-Regal aussuchen. Soll ich demnächst etwa Benjamin-Blümchen-Sandalen anziehen, oder was? Toröööööt! Oder Bob-der-Baumeister-Stiefel? Ich pass da nicht rein! Das schaff ich nicht! Ich hör schon den Verkäufer sagen: »Doch, das schaffen Sie! Schaffen wir das? WIR SCHAFFEN DAS!« Und dahinter steht Barack Obama und ruft: »YES WE CAN!« Der ist ja auch so was wie der Bob der Baumeister der Weltpolitik.

Und genau aus diesem erniedrigenden Grund kaufe ich mir jedes Paar Schuhe, das mir passt und halbwegs gefällt. Deshalb habe ich so viele Schuhe. Und die meisten davon sind auch noch Frauenschuhe! Weil es davon nämlich reichlich in meiner Größe gibt. Keine Highheels, sondern ganz normale Straßenschuhe. Das sieht man nämlich heutzutage gar nicht mehr so genau, ob das Männer- oder Frauenschuhe sind, die ästhetischen Grenzen der Fußbekleidung sind längst verwischt. Und manchmal möchte ich es laut in die Welt hinausschreien: Ich mag Frauenschuhe! Ja, ich schäme mich nicht deswegen und oute mich hiermit: Ich bin ein bekennender Frauenschuhträger. Ein orthopädischer Crossdresser. SO RUM wird ein Schuh draus!

Selbst erlebt:
Im Elektronikgroßhandel meines Vertrauens. Eine junge Frau brüllt über die Regale: »Ingo, haben wir zu Hause noch rohe CD-linge?«

Verhörer:

Im Ghetto

Elvis in Bochum-Laer

Eine der ersten Schallplatten, die ich hatte, war eine Best-of-LP von Elvis. Vorher hörte ich vor allem Hörspielplatten: *Hui Buh* und die auf Vinyl gepresste Tonspur vom *Dschungelbuch*. Man kann sagen, dass Elvis Presley der erste wahre Rockstar in meinem Leben war. Mein Lieblingslied, das ich ständig auf und ab nudelte, war *In the Ghetto*. Auf der Platte kam davor *Guitar Man* – das weiß ich heute noch deswegen so genau, weil ich die Nadel nie richtig aufsetzen konnte, so dass ich immer die letzten Sekunden von *Guitar Man* gehört habe, bevor mein Lieblingslied kam. Später habe ich den Song auch auf Kassette überspielt, und zwar zehnmal hintereinander, damit ich nicht zurückspulen musste. Heute stellt man einfach auf Repeat, und fertig ist die Laube. Auf jeden Fall haben mich die einfühlsame Stimme und der sensible Vortrag des Kings damals genauso in ihren Bann gezogen wie der Text.

Der Song handelt von einem Mann, der als Baby im Ghetto von Chicago geboren wird (als was sonst? Als Staubsauger?) und von Anfang an keine Chance hat. So wird er kriminell und kauft sich eine Pistole, stiehlt ein Auto und wird bei einem versuchten Raub erschossen. Und dann weint seine Mutter. Und dann wird wieder ein Baby geboren. Im Ghetto. Der ewige Kreislauf des Prekariats. Ich glaube, besonders das Weinen der Mutter hat mich als Junge bewegt.

Aber es gibt noch eine andere Stelle, die mich berührt hat. Nämlich wenn Elvis singt: »... and his hunger burns!« Übersetzt: »... und sein Hunger brennt!« Der junge Mann wird kriminell, weil »sein Hunger brennt«! Der King liefert also den Grund der Kriminalisierung gleich mit: Hunger. Ein menschliches Grundbedürfnis wird nicht erfüllt! Jetzt muss man sich mal kurz vergegenwärtigen: Elvis Presley, der King of Rock'n'Roll, die Fleischwerdung des amerikanischen Traumes, der Mann, der alles erreicht hat, was man als menschliches Wesen erreichen kann ... DIESER Mann nimmt sich ein Herz und besingt die Armut in seinem eigenen Land. Das Lied handelt ja nicht von den Slums von Mexiko City oder vom Vietnamkrieg, nein: Elvis legt den Finger in die offene Wunde seines heißgeliebten Amerika, dem Land der angeblich unbegrenzten Möglichkeiten. *In the Ghetto* klagt das System an, das Lied ist quasi ein antikaptitalistisches Manifest und übt gleichzeitig auch noch offene Kritik an den verheerenden Waffengesetzen der Vereinigten Staaten (»He buys a gun ...«). Und das nur, weil Menschen nicht genug zu essen bekommen und hungern, bis der Magen brennt (»... his hunger burns!«)! Die Gesellschaft ist schuld an der Jugendkriminalität.

Als kleiner Junge von vielleicht acht Jahren habe ich den Text allerdings nicht so verstanden. Also inhaltlich. Das mag an meinen mangelnden Englischkenntnissen gelegen haben oder auch daran, dass Elvis zeit seines Lebens beim Singen extrem genuschelt hat. Viele finden die Nuschelei sexy. Ich glaube, es lag mehr an den Unmengen Bananen-Erdnussbutter-Sandwiches, die sich Elvis während der Plattenaufnahmen im Studio zwischen die Kiefer geklemmt hat. Ich verstand damals jedenfalls nicht: »... and his hunger burns«, sondern: »... and his hungry bird«.

Ich habe jahrelang geglaubt, das Lied *In the Ghetto* handele von einem Mann, der für seinen hungrigen Vogel nachts in die Stadt fährt, ein Auto klaut, eine Waffe kauft, Leute umbringt und Geld stiehlt, damit sein Scheißvogel zu Hause was zu fressen kriegt. Ich

habe echt geglaubt, *In the Ghetto* handele von einem kriminellen Ornithologen, einem verbrecherischen Taubenvatter.
Was diese Geschichte mit dem Ruhrgebiet zu tun hat? Na ja, immerhin heißt das Lied ja *In the Ghetto*. Fahren Sie mal nach Bochum-Laer, dann wissen Sie, was ich meine!

Ennepetal

Das Autokennzeichen EN sorgt bei uns immer wieder für Spott: »Europas Narren« oder »Entenhausen« sind gern genommene Deutungen. Tatsächlich kommen dort viele Fahrzeughalter aus ländlicher Gegend, aus Hattingen, Sprockhövel, Witten und eben dem namensgebenden Ennepetal. Und auf dem Dorf ist man halt gewohnt, mit sieben Stundenkilometern einem Traktor hinterherzugurken.

Ich hab vor ein paar Jahren mal in Ennepetal gastiert und auf der Bühne angedeutet, dass hier ja wohl die südlichste Ecke des Ruhrpotts sei. Darauf erntete ich empörtes Buhen aus dem Publikum. Auf meine Frage, woher dieser überraschende Unmut über meine Äußerung stamme, wurde mir erwidert, dass Ennepetal nicht Pott sei! »Was denn sonst?«, wollte ich wissen. Darauf wusste man auch keine Antwort. Ennepetal liegt nämlich genau in der Senke zwischen Ruhrgebiet, Bergischem Land und Sauerland. Also irgendwo dazwischen und doch nicht mittendrin. Ennepetal ist also so etwas wie der Gazastreifen des Ruhrgebiets. Nur nicht so hart umkämpft.

Essen – Stadt

Essen ist natürlich Dreh- und Angelpunkt des Ruhrgebiets, und das liegt nicht nur an der zentralen Lage, denn Essen liegt wirklich mitten im Pott. Und Essen hat nun mal den Zuschlag für die »Europäische Kulturhauptstadt 2010« bekommen und niemand sonst. Vor allem keine andere Stadt. Auch wenn das ganze Ruhrgebiet so tut, als wären alle gleichberechtigt mit daran beteiligt gewesen: Abgesahnt hat den Titel allein Essen. Und aus Solidarität und Güte dürfen die anderen Städte und Kommunen jetzt mitmachen. Danke noch mal dafür.

Im Vorfeld gab es einen von der Weltöffentlichkeit zurecht nicht wahrgenommenen Wettbewerb, welche Ruhrstadt sich denn jetzt um dieses hohe Amt bewerben dürfe. Und da waren natürlich alle mit dabei. Ich als Bochumer Bürger fand es schon sehr putzig, dass gerade meine Heimatstadt, die in den letzten zwanzig Jahren quasi alles, was nicht Hochkultur (sprich: Theater und klassische Musik) ist, systematisch unterdrückt hat, auf einmal so tat, als wäre hier der kulturelle Nährboden der Region. Was habe ich gelacht! Insofern macht es durchaus Sinn, dass sich das Ruhrgebiet geschlossen als Kulturhauptstadt begreift, und keine Stadt wäre besser dafür geeignet, die Hauptstadt der Hauptstadt zu sein, als Essen. Hier laufen alle Fäden zusammen, verkehrsknotentechnisch und auch kulturell. Immerhin hat Essen mit der Zeche Zollverein sogar ein Weltkulturerbe und darf sich mit dem Grand Canyon und den ägyptischen Pyramiden auf eine Stufe stellen. Wer kann das schon. Respekt.

Essen hat mit seinen Hochhäusern in der Innenstadt sogar als einzige Ruhrgebietsstadt so was wie eine Skyline. Essen hat Krupp, Industriekultur, das größte Kino Deutschlands, mehrere Theater, die Folkwanghochschule für die schönen Künste, einen grünen Süden und sogar einen großen und schönen See. Essen hat eigentlich alles. Essen ist so was wie der Streber in der Ruhrgebietsklasse. Der Pott-Primus: Alle sind neidisch auf ihn, aber wenn es darauf ankommt, will jeder mit ihm befreundet sein. Gibt es irgendetwas, was Essen nicht kann? Ach ja, ab 19 Uhr werden hier die Bürgersteige hochgeklappt. Dann muss man eben nach Bochum fahren.

Essen – Tätigkeit
(spachteln)

Jedes Mal wenn ich einen Gourmet-Führer über das Ruhrgebiet sehe, muss ich lachen. Da versucht mal wieder jemand, etwas feinzumachen, was nicht feinzumachen ist. Die typische Ruhrgebietsküche ist bestenfalls deftig, wenn man es nett ausdrücken möchte. Ist doch auch logisch: In den Topf kommt, was gerade da ist, einmal durchgerührt und fertig. Gegessen wird, was auf dem Teller ist. Oder im Henkelmann, jenem blechernen Behältnis, das gerne am Henkel mit auf die Arbeit genommen wurde. Heute würde man dazu amerikanisiert Lunchbox sagen. Gefüllt wird das Teil natürlich von Mama. Schön mit Gulasch oder Eintopf oder was gerade mal wieder wegmuss.

Das ist auch so ein Spruch, den ich als Kind oft hören

musste, wenn ich mich mal wieder über das häusliche Essen beschwert hatte: »Das muss weg!« Egal ob es schmeckte, wat wegmusste, musste weg. Deshalb ist der Ausspruch »Futtern wie bei Muttern« für mich eine Drohung. Denn heute weiß ich, was die Konsequenz von »Futtern wie bei Muttern« ist: »Aussehen wie Vattern!«

Zum Glück gab es Maggi. Überall kam die Speisewürze ran. Selbst wenn das Zeug von Knorr war, bei uns hieß es immer Maggi. Sobald diese mysteriöse Substanz auf eine Speise traf, schmeckte auf maggische Weise alles immer gleich: nämlich nach Maggi!

Was im Pott auch mehr verbreitet zu sein scheint als anderswo, ist das Phänomen Aspik. Es gibt kein Lebensmittel, das man nicht in dieses gallertartige Zeug einschweißen kann: Fisch, Wurst, undefinierbare Reste, Süßigkeiten, im Pott wird so gut wie alles aspikisiert. Sogar der Erdbeerkuchen beim Bäcker sieht durch die wabbelige Gelatine aus, als würden da Früchte in Aspik an Mürbeteig gereicht. Mich erinnert das Zeug auf unangenehme Weise an den Film *Der Blob*, in dem ein außerirdischer Schleimbeutel die Erde angreift! Da wusste man auch nicht genau, woher das Zeug eigentlich kommt.

Am schlimmsten finde ich persönlich Panhas: Essensreste werden beim Metzger in einer fiesen Brühe mit Blut und Mehl angedickt und zu einem Klumpen verarbeitet. Lecker. In Schottland gibt es etwas ähnlich Ekeliges: Schafsinnereien wie Herz und Lunge werden in den Schafmagen gepresst und als Haggis verkauft. Fies, aber eben traditionell. Genau wie bei uns die legendären Hasenbrote: Stullen, die ungegessen von den Bergleuten wieder ans Tageslicht gebracht und ihren Kindern als

DAS ESSEN WAR LECKER, SCHATZ!
WIESO? DU HAST DOCH GEKOCHT!?
ICH REDE JA AUCH MIT MIR!

Delikatesse angepriesen wurden. Als ob so ein Stück Brot besser schmeckt, nur weil es ein paar Stunden unter Tage war. Also: Wer sich auf die typischen Delikatessen der Region einlassen will, der braucht schon einen starken Magen.

Auf der Cranger Kirmes (siehe auch: Cranger Kirmes) hatte ich als Kind zum ersten Mal die Begegnung mit einer wahren Volksfestdelikatesse: dem gemeinen Lachsersatzbrötchen! Es handelt sich dabei um ein Brötchen (meist in halbaufgebackenem Zustand), das mit einer Substanz belegt ist, bei der es sich eben nicht um Lachs handelt, sondern um dessen Ersatz. Ich hab mich immer gefragt: Was ist das? Lachs-ERSATZ? Oder besser gesagt: Wann kommt er zum Einsatz? Vielleicht, wenn der richtige Lachs keinen Bock mehr hat? Oder wenn er berufsbedingt ausfällt? Vielleicht muss man sich das wie beim Fußball vorstellen: Der Stammspieler (also in diesem Falle der Originallachs, oder wie man auch sagt: der Profi-Lachs) wird bei einem wichtigen Spiel verletzt und stürzt. Nicht umsonst sagt man ja auch über schlechte Lebensmittel, dass sie umgekippt sind. Dann ruft der Trainer (sprich: der Fischbrötchenverkäufer) den Reservespieler, also den Ersatzlachs ins Spiel. Und der freut sich so sehr über seinen Einsatz, dass sein Blutdruck vor Aufregung steigt und er eine ungesunde Gesichtsfarbe bekommt. Und deshalb ist Ersatzlachs wahrscheinlich auch so unnatürlich rot. Kann doch sein! Oder haben Sie etwa eine bessere Erklärung?

F

Flurwoche

In dem Haus, in dem ich früher wohnte, gingen jeden Morgen um 8:30 Uhr in allen Wohnungen zeitgleich die Staubsauger an. Neben diesem bürgerlichen Ritual wurde ich, als ich meine erste eigene Bude in Bochum-Eppendorf ('tschuldigung: Wattenscheid-Eppendorf) bezog, mit der streng organisierten, abwechselnd geregelten Reinigung des gemeinschaftlichen Treppenbereichs konfrontiert: mit der Flurwoche. Dieser Begriff kann meiner Meinung nach nur aus dem Dritten Reich stammen: »Wollt ihr die totale Flurwoche?« Schlimmer als bei uns ist es nur in Schwaben, dort heißt es Kehrwoche, und man wird noch heute bei Nicht-Einhaltung des Putzplanes standrechtlich, auf dem Hinterhof exekutiert.

Es gibt aber auch Gegenden in Deutschland, da kennt man dieses Hygieneritual gar nicht – zum Beispiel in Berlin. Dort ist die Sauberhaltung des Treppenhauses im Mietpreis inbegriffen und wird genau wie die Straßenreinigung oder der Winterdienst von qualifiziertem Fachpersonal erledigt. Deshalb schmeißen Berliner auch überall alles hin, weil es ja schließlich immer irgendwer für sie wegmachen wird. Wir Ruhris sind da schon reinlicher. Für viele ist die Flurwoche anscheinend der Höhepunkt ihres Daseins. In meinem Haus wurde fast jeden Tag geschrubbt und gewienert, und wehe, ich hielt die abgesprochenen Putzzeiten nicht ein, die selbstredend akribisch auf einem Zettel neben den Briefkästen angeschlagen waren. Die ersten paar Wochen bekam ich dauernd Ärger, weil ich entweder vergessen hatte, das Treppenhaus zu wischen, oder – noch schlimmer – es nicht richtig gemacht hatte. In dieser Zeit habe ich eine Fünf-Punkte-Taktik entwickelt, die ich hiermit an alle weitergeben möchte, die der Geißel der Flurwoche unterliegen:

1. Reißen Sie alle Türen und Fenster auf, so dass überall im Haus Durchzug entsteht (aber passen Sie auf, dass dabei kein Fenster zuknallt und es Scherben gibt, die sie dann auch noch wegmachen müssen).

2. Dann stellen Sie laut Musik an. Beim Radio wählen Sie am besten einen Schlagersender. Rockmusik geht gar nicht, da ältere Mitbewohner dies als Ruhestörung empfinden, und man ist ja schließlich nicht bei den Hottentotten. Wenn es Ihnen stimmtechnisch möglich ist und Sie sich überwinden können, pfeifen Sie nun möglichst laut und falsch die Melodien mit. Am geeignetsten ist das Gesamtwerk von Bata Illic oder Roger Whittaker. Da können Sie nichts verkehrt machen. Jetzt weiß das ganze Haus: »Der tut was!«

3. Das Wasser, das Sie nun in den Flur gießen, muss fast kochen, damit der Fußboden möglichst lange nachdampft. Vorsicht bei Linoleumböden, die können bei

großer Hitze am Rand leicht wellig werden und im schlimmsten Falle wegschmelzen (alles schon erlebt).

4. Wichtig ist auch, dass das Putzwasser möglichst intensiv riecht. Stichwort: Essig! Vergessen Sie den Essigreiniger aus der Sanitärabteilung, nehmen Sie puren oder konzentrierten Essig. Und keinen Bio-Essig! Den Ommas muss die Säure die Tränen in die Augen treiben, nur so kann man diese Damen beeindrucken.

Das heiße Wasser hat den Vorteil, dass es von selbst verdampft und man fast nicht nachwischen muss. Stehen Sie aber nicht einfach untätig daneben, sondern halten Sie trotzdem immer scheinbar allzeit bereit den Wischmopp in der Hand und tun Sie möglichst geschäftig. Kenntnisse in Eurythmie sind von Vorteil. Thai Chi geht auch. Auch wenn Sie Ihre Nachbarn nicht sehen: Sie werden beobachtet! Big Omma is watching you.

5. Achten Sie darauf, dass Sie in einer Zeit vorgehen, in der möglichst viele Menschen das Treppenhaus benutzen, sprich: morgens oder spätnachmittags. Wenn Sie den Flur abends machen und keiner das mitbekommt, ist die ganze Arbeit umsonst. Man muss Sie bei der Arbeit sehen, hören und riechen, erst dann sind die Putzteufel zufrieden. Und wenn Sie eine Stelle nicht richtig sauber gekriegt haben, umso besser: Dann haben Sie das nächste Mal, wenn Sie Ihre Nachbarn treffen, etwas, worüber Sie reden können. Geloben Sie dabei Besserung.

Nur so können Sie irgendwann als ordentliches Mitglied der Hausgemeinschaft aufgenommen werden, und erst dann werden Sie Ihre Ruhe haben. Und um nichts anderes geht es doch hier, oder? Also. Sauber bleiben!

Fußball

GEPÖLT WIRD IMMER

Tun Sie sich bitte einen Gefallen: Schlagen Sie sich im Ruhrgebiet bei Konversationen über das Thema Fußball nie auf eine Seite und geben Sie nie zu, dass Sie mit einem bestimmten Verein sympathisieren. Seien Sie UNO-Blauhelm, seien Sie Diplomat. Es wird Ihrer Gesundheit zuträglich sein, glauben Sie mir. Fußball ist im Ruhrgebiet Glaubenssache.

Es gibt unzählige Vereine im Pott, teilweise sogar mehrere in den einzelnen Stadtteilen. Da verliert man leicht die Übersicht. Auch wenn die sportliche Qualität manchmal ein sehr hohes Niveau erreicht, muss man im Großen und Ganzen oft vom Regiment des Mittelmaßes sprechen. So ist der Klassenerhalt seit vielen Jahren der einzige Grund zum Feiern für den VFL Bochum. Es geht hier nicht mehr um die Meisterschaft oder um guten Fußball, nein, man ist schon froh, dass man nicht absteigt! So ist auch der Begriff »unabsteigbar« zu erklären, den der VFL sich vor ein paar Jahren angeeignet hat (frei nach dem Slogan »unkaputtbar« für Coca-Cola-Plastikflaschen). Allerdings hat der Verein diesen Spruch durch seinen wiederholten Abstieg in die Zweite Liga gleich selber ad absurdum geführt. In Bochum gibt man sich halt bescheiden und freut sich über die kleinen Dinge, nämlich darüber, dass man überhaupt mitspielen darf. Wer braucht schon sportliche Ambitionen? Die Fans kommen doch sowieso ins Stadion gepilgert, egal ob die Spieler nun die Werbung von Lottomagnaten oder Klamottendiscountern auf den Trikots tragen. Peinlich ist den Bochumern so was nicht!

Apropos peinlich: Die weltweite Stadionumbenennungspest hat natürlich auch vor dem Revier nicht haltgemacht! Bochum hatte da sogar noch Glück: Das Ruhrstadion heißt heute Revierpowerstadion, benannt nach den örtlichen Stadtwerken. Auch Schalke kann sich eigentlich nicht beklagen. Das altehrwürdige Parkstadion wich zunächst der opulenten Arena auf Schalke, die dann in Veltins-Arena umbenannt wurde. Das ist zwar ein sauerländisches Bier, aber solange es knallt, passen Fußball und Alkohol schließlich prima zusammen.

Anders erging es da schon Dortmund. Die mussten ihr schönes Westfalenstadion zum Signal-Iduna-Park machen, was nun überhaupt nicht geht. Erstens klingt das mehr nach Zahncreme als nach einer Versicherung, und zweitens: Park? Das Teil ist ein Stadion, kein Park. Ein Park ist da, wo sich Ommas zum Taubenfüttern treffen. Was soll's, die BVB-Aktie muss sich ja gelohnt haben! Immerhin gibt es in Deutschland noch weitaus schlimmere Namen für Stadien – ich muss auf jeden Fall mal persönlich das Playmobilstadion in Fürth besuchen. Vielleicht gibt's ja bald auch eine Lego-Arena, die man nach dem Spiel auseinanderbauen kann!

Wer sich für Fußball interessiert ist im Pott also genau richtig. Über kein anderes Thema wird hier mehr gesprochen, diskutiert, gelästert und gesungen. Es gibt Fußballcomedyshows, Fußballmusicals und Fußballtheaterstücke und die revierweite Fußballtalkshow Scudetto, in der mit illustren Fachgästen stundenlang nur über das eine Thema gesprochen wird.

P.S.: Natürlich geht man im Revier auch anderen Sportarten nach als Fußball. Welchen ist mir allerdings nicht bekannt!

G

Gasometer

Die größte Coladose der Welt ist eine der meistangepriesenen Touristenattraktionen des Ruhrgebiets. Wenn der Förderturm der Zeche Zollverein der Eiffelturm des Potts ist, dann ist der Gasometer in Oberhausen unser Sacre Cœur. Und im Gegensatz zu vielen anderen Sehen-wir-mal-Würdigkeiten hält der Gaso sogar mehr, als er verspricht. Der ehemalige Gasspeicher ist bereits von außen unheimlich mächtig und ragt mit über hundert Metern Höhe über das benachbarte Einkaufs-Centro, als wolle er ihm sagen: »Wat willst 'n DU Pimpf hier?« Und dann betritt man ihn, den Koloss von Oberhausen. Ich war nun schon wirklich oft in dem Ding, doch es verschlägt mir jedes Mal die Sprache. Ich habe selten einen so beeindruckend schönen und gleichzeitig einschüchternden Raum gesehen wie das Innere des Gasometers.

Das Teil geht auf allen Seiten so dermaßen steil nach oben, dass man schon allein vom Hochschauen einen Höhenkoller bekommt. Die Mutigen wagen sich in den Aufzug, und ganz Schwindelfreie stellen sich ans Fenster

GODZILLA
IN OBERHAUSEN
Schlürf!
DIE "NEUE MITTE" WIRD NIE
WIEDER DAS SEIN, WAS SIE WAR!

des Lifts und lassen sich nach oben schießen. Nervenkitzel pur. Ist nichts für jedermann. Aber der Ausblick vom Dach der Dose entschädigt für alles Muffensausen. Hier liegt einem das Ruhrgebiet wirklich zu Füßen.

Ach ja, Ausstellungen gibt's dort natürlich auch zu sehen. Doch das ist hier nur Nebensache. Denn es ist ziemlich egal, was hier gerade gezeigt wird, ob von Christo aufgestapelte bunte Tonnen oder wie neulich ein riesiger Mond – der eigentlich Star ist der Gasometer selbst. Die schiere Dimension des Innenraums macht alles zu einem Ereignis. Auch wenn dies eine abgedroschene touristische Phrase ist: Der Besuch des Gasos ist wirklich ein absolutes Muss! Das Teil ist eine Sensation für sich. Egal ob von weitem, von oben oder von innen.

Gladbeck

Die kleine Stadt Gladbeck dürfte natürlich jedem ein Begriff sein, denn kein historisches Ereignis im Ruhrgebiet hat sich so sehr in das kollektive Bewusstsein der Nation eingebrannt wie dieses: In Gladbeck wurde der Schauspieler Armin Rohde geboren. Tja, mehr fällt mir zum Thema nicht ein. Sind Sie jetzt enttäuscht? Oder finden Sie es nicht auch erstaunlich, wie man das Image einer Stadt mit einer einzigen unschönen Tat wie einer Geiselnahme für immer versauen kann? Andererseits würde ohne die Herren Rösner und Degowski heute kein Schwein die Stadt Gladbeck kennen. Rein PR-technisch gesehen war die Geiselnahme also ein großer Erfolg.

Sagte ich Geisel-nahme? Entschuldigung, ich meinte natürlich -DRAMA! Denn unter diesem Begriff stehen die bösen Taten der gestörten Pannemänner Rösner und Degowski seither in den Geschichtsbüchern und im Internet. Nicht etwa als triviale Straftat mit tödlichem Ausgang. Nein! Es war ein Drama, also eine theatrale Tragödie griechischen Ausmaßes. Und was war das für ein Theater! Denn schon damals im August 1988, also in der Frühzeit der informativen Rundumversorgung, sprach man angesichts der ausufernden Berichterstattung auf allen (zu dieser Zeit noch gar nicht so vielen) Kanälen von einem Medienereignis. Kaum auszudenken, wäre das nicht damals, sondern heute passiert. Twitter und Youtube wären durchgebrannt! Man hätte die beiden prominenten Schwerverbrecher doch sofort ins Big-Brother-Haus oder zumindest ins Dschungelcamp gesteckt. Oder Rösner hätte sofort seine eigene Kochshow bekommen: *In the Kitchen – live aus dem Knast*! Und Degowski würde im Fernsehen unter Polizeiaufsicht in fremde Wohnungen einbrechen, um sie dann geschmackvoll umzudekorieren. So was traue ich den Fernsehnasen von heute alles zu.

In Wahrheit sitzt Rösner zum Glück im Hochsicherheitstrakt der Bochumer Krümmede ein – so liebevoll wird hier die Justizvollzugsanstalt genannt. Besonders sicher scheint der Trakt allerdings nicht gewesen zu sein, denn Rösner wurde im März 2009 in seiner Zelle mit einer Packung Heroin erwischt und war zwanzig Jahre nach Gladbeck wieder in allen Medien. Glückwunsch.

In Gladbeck selber spricht man kaum noch über jenen schwarzen August 1988. Viel wichtiger ist den Bewohnern ein anderes historisches Ereignis: 1975 wurden die Städte Bottrop, Kirchhellen und Gladbeck zwangsweise zusammengelegt. Für ein knappes Jahr bildeten die drei Städte tatsächlich die kommunale Monstermetrople Glabotki, ganz nach Plan der Ruhrgebietsgebietsreform (siehe auch: Eingemeindung) und gegen den Willen der Bürger. Und ähnlich wie die berühmten Gallier in den Asterix-Heften wehrte sich die Bevölkerung Gladbecks mit allen Kräften gegen die staatlich angeordnete Assimilierung, bis die Stadt ihre Selbständigkeit zurückerlangte. Ganz ohne Zaubertrank. Ja, manchmal ist Widerstand eben zweckvoll.

Grönemeyer

Herbert Grönemeyer ist kein Bochumer. So! Jetzt ist es raus. Diese Tatsache wird einigen Lokalpatrioten zwar weh tun, aber es ist nun mal die Wahrheit. Der berühmteste Sohn der Stadt wurde weder in Bochum geboren, noch hat er seinen Hauptwohnsitz dort. Dass er den größten Teil seiner Kindheit und seiner Jugend bei uns verbringen durfte, macht ihn zwar zu einem mit dem Ruhrgebiet stark verbundenen Menschen, aber im Prinzip ist er das, was viele Menschen hier sind: ein Gastarbeiter. Da kann er noch so oft bei seinen Auftritten *Bochum* singen, geboren wurde er in Göttingen und seinen Wohnsitz hat er in London. Fakt!

Als das Lied und die gleichnamige LP im Jahre 1984 erschienen, waren alle Bochumer natürlich stolz. Obwohl das Plattencover schlichter nicht hätte ausfallen können: der Name des Künstlers nebst Postleitzahl und Stadtnamen mit Kreide an eine graue Tafel gekritzelt. Andere Bands meißelten ihre LP-Titel in Marmor oder wenigstens in Stein. Herbert ist halt bescheiden geblieben. Vielleicht hat er ja auch den Einzug der neuen Postleitzahlen in den neunziger Jahren und die damit einhergehende Vergänglichkeit der Zahl 4630 geahnt.

Und natürlich waren wir völlig aus dem Häuschen, als Hörbie in dem Mega-Über-Kriegsfim *Das Boot* als Kriegsberichterstatter zu sehen war. Immerhin ist er auch der Einzige der Besatzung, der die finale Bombardierung am Filmende überlebt. He's a survivor.

Und auch wenn ich ab und zu meine Scherze über ihn mache, möchte ich eines hier mal kundtun: Ich mag Herbert Grönemeyer. Wirklich. Ich hab auch alle seine Platten. Er ist ein guter Mensch, ein netter Kerl, ein Mann aus dem Volk und eine coole Sau. Grönemeyer hat für meine Heimatstadt mehr getan als irgendjemand sonst und als ich jemals könnte. Er ist ein großartiger Musiker und ein ausgezeichneter Texter. Ich verarsche ihn nur deshalb so gerne, weil ich neidisch auf ihn bin. Er möge mir bitte verzeihen.

Vor ein paar Jahren traf ich in einer Talkshow auf seinen Bruder, den bekannten Arzt, der sich so gut mit Rückenproblemen auskennt. Der meinte zu mir, dass er über meine Parodien seines Bruders herzlich lachen könne. Dieses Lob bedeutete mir sehr viel, denn der muss Herbert ja wohl gut genug kennen, um beurteilen zu können, ob ich das gut mache oder nicht.

Vor ein paar Jahren sah ich, wie der Meister höchstpersönlich über die südliche Kortumstraße unweit des

Mandras ging. Das ist wohlgemerkt kein normaler Anblick, da Gröni ja gar nicht mehr in Bochum wohnt. Auch die Passanten in meiner Umgebung bemerkten die Präsenz des berühmten Mannes. Doch niemand sah sich durch diese Tatsache genötigt, Grönemeyer um ein Autogramm oder gar um ein gemeinsames Foto zu bitten. Man ließ ihn unbehelligt seines Weges gehen. Quasi als einen von uns, voller Respekt. Neben mir stand ein Ehepaar älteren Jahrgangs. Davon, dass die beiden verheiratet waren, ging ich aufgrund ihres Umgangstones aus, denn ich belauschte folgenden Dialog:

Sie: »Guck ma'!«

Er: »Wat denn?«

Sie: »Da vorne geht der Heribert Grönemeyer!«

Er: »Na und? Der geht doch auch nur kacken!«

Und wissen Sie was? Ich glaube, der Mann hatte recht!

Sprachperle:

Grammatikverbesserer

Wenn man im Ruhrgebiet auf seine Herkunft angesprochen wird, fällt meistens die Frage: »Wo kommst du denn wech?« Also nicht »her«, sondern »weg«. Diese sprachliche Ausführung mag zwar grammatikalisch nicht ganz korrekt sein, aber in diesem kleinen Detail steckt mehr inhaltliche Tiefe, als sich beim ersten Hören vermuten lässt. Denn die meisten Menschen im Pott sind ja Zugezogene. Niemand kommt wirklich von hier, dies ist das Land der Immigranten und Gast-

arbeiter. Und diese ethnologische Feinheit steckt in dem kleinen Wort »wech«. Der Ruhrgebietsmensch ist sprachlich nämlich gar nicht so dumm, wie die Oberlehrer der Nation uns das gerne glauben machen möchten.
Beispiel: Ich geh gerne zum Bäcker, also zum richtigen Bäcker, nicht in diese Discountbackshops, ich brauche Kommunikation. Ich liebe das, denn beim Bäcker hört man Sätze, die man im normalen Leben niemals hört. Zum Beispiel sagte einmal ein Mann vor mir in der Schlange: »Ein Sauerländer und zwei Normale!« Fand ich der Landbevölkerung gegenüber zwar ein bisschen diskriminierend, aber auch irgendwie lustig weil treffend.
Mein Arzt meinte eines Tages zu mir, ich solle doch mal eine Zeitlang aus gesundheitlichen Gründen auf Weißmehl verzichten. Also fragte ich in der Bäckerei meines Vertrauens nach Alternativen: »Haben Sie ein Brot nur mit Vollkorn oder vielleicht sogar was mit Dinkel?«
Darauf die Bäckereifachverkäuferin: »Nein, aber probieren Sie doch unser Baguette. Das ist ganz frisch!«
»Ist da auch Weißmehl drin?«
»Ja!«
»Ja, dann kann ich das doch nicht nehmen!«
»Ja, wieso denn nicht?«
»Ja, wegen dem Weißmehl!«
In diesem Moment hörte ich eine Stimme hinter mir: »Wegen DES Weißmehls.«
Ich drehte mich um und sah den Mann hinter mir an: »WAT haben Sie gerade gesagt?«

»Es heißt: wegen DES Weißmehls«, grinste er. »Genitiv!«
Ich weiß nicht, wie Sie das sehen, aber ich persönlich möchte nicht, dass ein mir wildfremder Mensch sich das Recht herausnimmt, mich in meiner Sprechweise zu verbessern, nur weil der feine Herr mal irgendwann ein Buch von Bastian Sick auf dem Klo gelesen hat. Ich empfinde sowas als Anmaßung und überhebliche Maßregelung sondergleichen. Ich sah dem Oberlehrer tief in die Augen und sagte: »Pass ma auf, Kollege. Ich nehme gleich DAT Baguette und schiebe es dir in DEM Arsch!«
Also: Wenn Sie im Ruhrgebiet jemanden sprachlich verbessern wollen, ziehen Sie sich warm an. Denn was wir überhaupt nicht leiden können, sind Kandidaten von der Grammatik-Gestapo oder der Konjunktiv-Stasi. Und bei mir persönlich müssen Sie besonders vorsichtig sein. Denn der Hennes ist dem Genitiv-Klugscheißer sein Tod!

Gruga

»Guten Abend, Grugahalle, fühlt ihr euch im Recht?«
Heinz-Rudolf Kunze

Beim Thema »Rock im Ruhrgebiet« fällt vielen zu Recht und zuerst die Grugahalle mit ihren rituell abgehaltenen *Rockpalast*-Nächten ein. Keine andere Musiksendung hat mein Leben so geprägt wie die gute alte Tante *Rockpalast*. Gut, beim *Musikladen* hatte ich meine erste

Erektion – das war auch einschneidend. Lag aber eher an dem strippenden Go-go-Girl, das sich beim Song *Jeans On* seiner eh knapp bemessenen Textilien entledigte. Und außerdem hieß der Moderator Manfred Sexauer und der Regisseur Michael Leckebusch. Da kann man sich als präpubertäres Exemplar der männlichen Gattung schon mal erregen. Das war ganz schön hart damals.

Aber zurück zum *Rockpalast*. Hier wurde Musikgeschichte geschrieben, hier haben sie alle gespielt: The Who, Peter Gabriel, The Police, Joe Jackson, Grateful Dead ... In den siebziger und frühen achtziger Jahren gab sich die Rockelite in Essen-Rüttenscheid die Klinke in die Hand. Die Gruga hat sie alle gehabt! Was für Nächte! Und ich war immer dabei. Na gut, fast immer. Meistens. Oft. Vorm Fernseher. Gut, bei einigen Übertragungen bin ich gegen ein, zwei Uhr nachts eingenickt, aber immer mit wippendem Fuß und Rock'n'Roll in meinem Herzen.

An zwei Konzerte kann ich mich besonders gut erinnern, genau genommen waren es drei: Bei dem Auftritt der bärtigen Texas-Blueser ZZTop im April 1980 konnte man auf einem Transparent lesen: »Rodgau Monotones grüßen ZZTop.« Als fünf Jahre später die mittlerweile zu nationalem Ruhm gekommenen Hessenrocker beim *Rockpalast* spielen durften, wurde im Publikum ein Transparent hochgehalten: »ZZTop grüßt Rodgau Monotones.« Ob die Träger bärtig waren, konnte ich leider nicht erkennen.

Und dann trat im Jahr 1983 der damals noch unbekannte Kanadier Bryan Adams auf. Eigentlich war er nur

Opener, aber mit seinen eingängigen und einfach mitzugrölenden Songs rockte er die Grugahalle so sehr, dass der nachfolgende Elvis Costello mit seiner sperrigen Musik gegen das aufgeputschte Rockpublikum keine Chance hatte und ausgebuht wurde. Überhaupt hat nie ein Publikum bierseliger »Oho-oho-ho« gegrölt als in der Gruga. Oder wie Joe Jackson 1983 bei seinem *Rockpalast*-Auftritt angesichts seines Essener Publikums meinte: »O my God! I have never seen so many drunken Germans in my life!«

Ich persönlich verbinde ein völlig unmusikalisches Ereignis mit der Grugahalle. Dazu muss ich mich erst mal outen: Ich war in den achtziger Jahren bei den Jusos, und zwar aktiv. Als aktiver Juso im Ruhrgebiet stand man damals in der Fußgängerzone hinter Tapeziertischen und sah dabei zu, wie Passanten kopierte Zettel mitnahmen. Ein einfacher und irgendwie auch dankbarer Job. Heute muss man sich als SPD-Werber deutlich mehr anstrengen – selbst im Pott. Manchmal haben wir damals bei den Jusos auch Ausflüge gemacht, so zum Beispiel 1984, als der Bundesparteitag der Sozis in Essen in der … Na? Genau – in der Grugahalle stattfand.

Ich war damals ziemlich promigeil. Ich habe mich nämlich gleich an den großen Vorsitzenden rangeschmissen. Dabei ist dieses Foto entstanden. Dieser Mann hat mich einfach gerockt. Auch ohne Palast. Heute bin ich selbstverständlich nicht mehr bei den Jusos: Gibt's die SPD eigentlich noch?

Willy Brandt und der Autor. Das »Z« steht für »Zuschauer«. Nicht für »Zorro«.

Im Jahre 2006 hat die Boulevardzeitung *InTouch* mich optisch mit einem anderen SPD-Mitglied in Verbindung gebracht. Danach musste ich erst mal zur Typberatung.

Quelle: InTouch Nr. 18 vom 27. 4. 2006.

Verhörer:
Arafat im Grugabad

Die Gruga beschreibt ja nicht nur die bekannte Halle in Essen, sondern auch den ganzen Bereich drum herum, also auch den Grugapark und das daran angeschlossene Freibad, das Grugabad. Meine Freundin Bärbel war in ihrer Jugend oft dort. Wie viele Mädels damals machte sie als junges Ding, also als Teenager, in ihrer knappen Badebekleidung meine Geschlechtsgenossen bekloppt, die sich dann im Schwimmbecken um Abkühlung bemühten. Bärbel fand Jungs damals aber noch gar nicht SO interessant, vielmehr war sie in ihr Kofferradio verliebt. Sie nahm es gerne mal zum Badebesuch mit und beschallte damit die Liegewiese des Grugabads. Es muss wohl so Anfang bis Mitte der siebziger Jahre gewesen sein, da dudelte der Hit *Pata Pata* von Miriam Makeba aus dem kleinen Lautsprecher. Das Lied von der auch gerne »Mama Afrika« gerufenen südafrikanischen Sängerin handelt von dem Tanz mit demselben Namen: Pata Pata. Kennt eigentlich jeder. Ein fröhliches Lied, das gleichzeitig auch als Kritik an der Apartheid zu verstehen ist. Kulturpolitischer Zunder also. Problematisch für die nicht-südafrikanische Welt war nur, dass der Großteil des Textes in Xhosa, einer südafrikanischen Sprache, gesungen wird. Die Textzeile, um die es gehen soll, heißt:
»Sat wuguga sat ju benga sat si pata pat«
Für eine junge Frau mit westeuropäischem Sprachhintergrund kann dies alles Mögliche bedeuten. Bärbel, die an dieser Stelle nicht mit ihrem richtigen Namen

genannt werden möchte, verstand also bei dem Lied *Pata Pata* von Miriam Makeba Folgendes:

»Arafat im Grugabad mit 'nem Katheter! Da kommt Arafat im Grugabad mit 'nem Katheter. Komma hier, komma hier mit dem Katheter ...«

Hören Sie sich das Lied noch mal genau an. Man KANN das so verstehen.

Meine Freundin glaubte damals jedenfalls wirklich, dass das Lied *Pata Pata* von dem palästinensischen Politiker Jassir Arafat handele, der sich gerade auf Staatsbesuch in Deutschland befindet und dabei natürlich auch das Grugabad in Essen besuchen muss – ist ja quasi so was wie ein Weltkulturerbe, so was gibt's ja im Gazastreifen nicht. Und bei diesem Besuch hängt ihm dann wohl auch noch ein frisch gelegter Katheter raus. Anders konnte sie sich den Text von *Pata Pata* nicht erklären.

Dieses Textmissverständnis wirft meiner Meinung nach ein völlig neues Licht auf den Palästinenserkonflikt und hat Bärbels Bild der Nahostpolitik in den frühen siebziger Jahren entscheidend geprägt.

H

Hagen

»Komm nach Hagen, werde Popstar, mach dein Glück!« Dies war der Aufruf von Kai Hawaii und seiner Band *Extrabreit* im Jahre 1982. Tatsächlich bedarf es einiger Mühe, um Menschen zum Besuch dieser Stadt zu bewegen. Denn viele Künstler kamen zwar AUS Hagen, aber die wenigsten kamen wieder zurück. Wer schon mal dort war, kann nachvollziehen, warum. Dabei ist Hagen für das Ruhrgebiet so was wie Nashville, unsere Rockcity. Nicht nur die Extrabreiten kommen von hier, sondern auch die einflussreichen Prog-Rocker Grobschnitt und natürlich Nena, der fraugewordene feuchte Traum einer ganzen Generation pubertierender Jungs. Was haben wir von der Frau geträumt, trotz oder gerade wegen wuchernder Achselhaare, Schweißbändern und Streifenjeans.

Doch das ist lange her, und Hagen muss sich im Ruhrgebietsvergleich ganz schön ranhalten. Viele Gründe gibt es nämlich nicht, hierherzureisen. Auch das Prädikat »waldreichste Großstadt Deutschlands« zieht nicht wirklich. Vielleicht würde großstädtischster Wald Deutschlands ja mehr bringen. Hagen ist zudem die südlichste Stadt des Potts und nennt sich deshalb auch gerne »Tor zum Sauerland«. Ich finde, es ähnelt mehr einer Fußmatte.

Halden

Etwas auf Halde legen bedeutet, es zur Seite zu stellen. Genauso hat man es im Ruhrgebiet mit dem ganzen Gestein und Erdzeug gemacht, das beim Untertagebau an die Erdoberfläche gefördert wurde. So ein Bergwerk macht ganz schön Schutt. Und irgendwo müssen die ganzen Brocken auch hin, man kann seinen Abfall ja nicht einfach nach, sagen wir mal, Neapel schicken. Obwohl die das mit ihrem Müll ja auch gemacht haben.

Auf jeden Fall waren die Menschen im Pott auch hier wieder erfinderisch und haben das übriggebliebene Erdreich einfach gestapelt und es Halde genannt. Man hat also kleine Berge gebaut – endlich macht der Begriff Bergbau Sinn. Na gut, Berge ist leicht übertrieben, es handelt sich bei den Halden im Revier eher um übersichtliche Hügelchen, die hier und da aus der flachen Landschaft ragen. Manche von ihnen sind begrünt und sogar bewaldet worden, andere bestehen aus völlig unfruchtbarem Boden und standen jahrelang schwarz und unnütz in der Gegend rum. Wie bestellt und nicht abgeholt. Irgendwann kam ein kluger Mensch auf die Idee: Da kann man ja raufgehen! Und runtergucken! Und schwupps wurden Treppen in den Berg gehauen und Wege angelegt. Und bereits am nächsten Wochenende wurde schön die Familie eingepackt und von oben runtergeschaut! Was für ein

Event! Das man damit keinen sprichwörtlichen Bergmann aus dem Schacht holen konnte, wurde schnell deutlich. Deshalb ist jede Halde im Pott irgendwie anders und auf ihre eigene Art sehens- und besteigenswert. Und das nicht nur wegen der schönen Aussicht, sondern weil man meistens was draufgestellt hat beziehungsweise installiert, wie der Kunstkenner sagt. Unsere Vorzeigehalde ist natürlich die der ehemaligen Zeche Prosper in Bottrop, die mit dem dreieckigen Tetraeder, unserer Cheops-Pyramide (siehe auch: Bottrop).

Ein Stück weiter nordwestlich liegt die Halde Haniel, die »Überhalde« im Revier. Sie ist nicht nur einer der höchsten künstlichen Hügel, sondern sogar ein amtlicher Wallfahrtsort. Hier hat Papst Johannes Paul II. nämlich bei seiner World-Tour 1987 einen Zwischenstopp eingelegt und ein Bergkreuz gesegnet. Der damals extra angelegte Kreuzweg wird noch heute jeden Karfreitag von gläubigen Bergkatholiken bepilgert.

Andersgläubige können sich an gleicher Stelle an der Bergarena erfreuen, einem herrlichen in die Hügel gehauenen Amphitheater. Im Essener Norden hat der amerikanische Künstler Richard Serra (der auch die Skulptur *Terminal* am Bochumer Hauptbahnhof verbrochen hat) die Schurenbachhalde mit einer vertikal aufgestellten Roststahlplatte namens *Bramme* veredelt. Aus dem an Lavastein erinnernden Boden ragt jetzt dieser Monolith, und man fühlt sich an Stanley Kubricks filmisches Meisterwerk *2001 – Odyssee im Weltraum* erinnert, selbst wenn man den Film nie gesehen hat. Sehr unwirklich, aber irgendwie auch faszinierend. Meine persönliche Lieblingshalde wird leider oft übersehen: die Halde

Rheinelbe im Gelsenkirchener Süden, an deren Fuße das Lohrheidestadion von Wattenscheid liegt. Von hier oben kann man fast alle anderen Landmarken des Ruhrgebiets überblicken: im Westen die Skyline von Essen, das Tetraeder und ganz hinten sogar den Gasometer. Nördlich davon liegt einem das komplette Gelsenkirchen zu Füßen, im Osten Bochum, und der Süden gehört ganz Wattenscheid. Und überall grün, grün, grün. Und was von der A40 noch aussieht, als wäre es das Grabmal irgendeines längst verstorbenen Inkakönigs, ist bei näherer Betrachtung nichts anderes als eine zehn Meter hohe Betonskulptur von Hermann Prigann, die sogenannte *Himmelstreppe*. Oder wie es bei Led Zeppelin heißen würde: der *Stairway to Heaven*.

Ich gehe jetzt mal davon aus, dass der geneigte Leser *Herr der Ringe* gesehen hat. Es gibt mehrere Stellen in diesen Filmen, die einem Ruhrgebietsmenschen nahegehen. Da sind natürlich die Erlebnisse in den Minen von Moria. Oder die Zerstörung der Wälder Isengards durch Saruman und seine Orkhorden. Da denkt man natürlich sofort an brutale Landgewinnung durch die Industrialisierung, eine Assoziation, die vom Naturfreund J.R.R. Tolkien durchaus beabsichtigt war. Im dritten Teil der Saga gibt es eine Stelle, an der die Stadt Minas Tirith als Hilferuf ein Notfeuer entzündet (genau genommen war es der Hobbit Pippin), um befreundete Truppen gegen die angreifenden Orks zu mobilisieren. Im Buch ist diese Stelle nur wenige Zeilen lang, doch der Regisseur Peter Jackson hat daraus eine atemberaubende Szene geschaffen, bei der die Feuer von Berg zu Berg angezündet werden. Und das alles natürlich in der gewaltigen Land-

Die Schurenbachhalde in Essen sollte man nur mit passendem Schuhwerk besteigen!

schaft von Neuseeland. Nun gut, so toll sieht es bei uns im Pott natürlich nicht aus, aber wenn man sich auf eine der vielen Halden bei uns stellt und in der Ferne die anderen künstlich aufgeschichteten Abraumberge erspäht, geht einem schon das Hobbitherz auf. Mir zumindest. Vor allem bei Sonnenuntergang, wenn der Himmel hinter Duisburg brennt und der Mond von Wanne-Eickel aufgeht. Da stellen sich mir die Haare auf meinen Füßen auf.

Und wenn man hier in der Silvesternacht den Jahreswechsel verbringt, kann man dank der Feuerwerksleidenschaft der Bevölkerung das gesamte Ruhrgebiet um sich herum explodieren sehen. Armageddon pur. Nie war der Weltuntergang schöner.

Haltern am See

Das war's auch schon, was man über diesen Ort wissen muss: dass er an einem See liegt.

Südlich von Haltern liegt übrigens: DIE HAARD. Nein, das ist jetzt kein Druckfehler. Und ich meine nicht die holländische Version des Films *Stirb langsam* mit Bruce Willis. So heißt nun mal das sumpfige Naherholungsgebiet zwischen Recklinghausen und Haltern.

Hamm

In Berlin stehen überall bunt angemalte Bären in der Gegend rum. In Wuppertal sind es Pinguine, und in Dortmund rennt man unerklärlicherweise an jeder Ecke gegen Nashörner. Hamm hat zwar nur ein Tier, aber was für ein gewaltiges: den Stahlelefanten im Maximilianpark, ein zum Dickhäuter umgebautes Silo mit dem Aufzug im Rüssel, das Wahrzeichen der Stadt. Und da der Elefant ein heiliges Tier ist, steht in Hamm gleich mal der zweitgrößte Hindutempel Europas.

Hamm hat auch einen recht schönen Bahnhof, für Ruhrgebietstädte eher außergewöhnlich. Deswegen werden hier wohl auch so gerne ICE-Züge ver- und entkoppelt. Eigentlich und genau genommen gehört Hamm auch nicht mehr richtig zum Pott, dafür ist die Stadt viel zu weit ab vom Schuss. Außerdem deutet die leicht sture Mentalität der Bewohner auf die unmittelbare Nähe zum Münsterland und zu Ostwestfalen hin. Deswegen ist um Hamm herum auch alles sehr bäuerlich und herrlich grün. Hier kann man sogar richtig Urlaub machen. Zum

Gleich kommt Mr Burns und kassiert die Campingplatzgebühr.

Beispiel auf dem Campingplatz direkt an der legendären ehemaligen Kernkraftanlage von Hamm-Uentrop. Wahrlich ein herrlicher Ausblick für Freizeitliebhaber aus ganz Europa. Camping am Atomkraftwerk. Da strahlt die ganze Familie!

Herne

Auch die schöne Stadt Herne ist bei der Kulturhauptstadt Europas 2010 dabei. Anlässlich dieser Festivität hier nun ein Briefwechsel, der genau so stattgefunden hat. Oder so ähnlich. Oder auch nicht.

An das Fremdenverkehrsamt Herne

Liebes Fremdenverkehrsamt Herne,
Mein Name ist Volker. Ich bin 37 Jahre alt und wohne in Herne. Ich finde, dass zu wenig Leute von außerhalb unsere Stadt besuchen. Um die Attraktivität der Stadt zu steigern, bin ich auf einen Werbespruch gekommen, der mir sehr vielversprechend erscheint. Er geht so:
Nach Herne kommt man gerne!
Sie dürfen diesen Spruch nehmen, um unsere schöne Stadt Herne in der ganzen Welt noch bekannter zu machen.

Ihr Volker

Lieber Volker,

wir vom Fremdenverkehrsamt Herne haben uns sehr über Deinen Brief gefreut. Wir sind natürlich glücklich, wenn die Bürger unserer Stadt hilfreiche und kreative Anregungen geben, um das Ansehen der Stadt in aller Welt zu verbessern. Es ist aber natürlich auch klar, dass wegen der Verwaltung und der Dienstwege alles nicht so einfach zu verwirklichen ist.
Deshalb schicken wir Dir unseren Bildband ***Herne, Stadt der Phantasie*** *und hoffen, dass Du damit viel Freude hast.*

Mit freundlichen Grüßen
Verwaltungsrat Dipl.-Ing. Knosowski

Sehr geehrtes Fremdenverkehrsamt Herne,

Ich habe mich sehr über Ihren Bildband **Herne, Stadt der Phantasie** gefreut. Besonders die Bilder sind schön. Ich habe noch einen Werbespruch, der Sie wahrscheinlich vom Hocker reißen wird, und der geht so:
Warum zu den Sternen greifen, kann man doch durch Herne schweifen!

Ihr Volker

Lieber Volker,
wir vom Fremdenverkehrsamt Herne haben uns sehr über Deinen Brief gefreut. Wir sind natürlich glücklich, wenn die Bürger unserer Stadt hilfreiche und kreative Anregungen geben, um das Ansehen der Stadt in aller Welt zu verbessern. Es ist aber natürlich auch klar, dass wegen der Verwaltung und der Dienstwege alles nicht so einfach zu verwirklichen ist.
Deshalb schicken wir Dir unseren Bildband ***Herne, Stadt der Phantasie*** *und hoffen, dass Du damit viel Freude hast.*

Mit freundlichen Grüßen
Verwaltungsrat Dipl.-Ing. Knosowski

Sehr geehrtes Fremdenverkehrsamt Herne,
ich bin es wieder. Der Volker!
Ich habe mich sehr über den zweiten Bildband Ihres anscheinend mehrbändigen Werkes **Herne, Stadt der Phantasie** gefreut. Jedoch ist mir, wenn Sie diese kleine Anmerkung erlauben, schon beim schnellen Durchblättern aufgefallen, dass einige Bilder und Texte aus dem zweiten Band auch schon im ersten zu finden sind. Wahrscheinlich war dies ein Lapsus der Druckerei und nicht Ihr Fehler. Um unsere Zusammenarbeit zu intensivieren, habe ich einen weiteren Werbespruch, der auch den übelsten Skeptiker davon überzeugen wird, dass Herne eine Reise wert ist. Der Spruch geht so:
Bin ich in Herne, was muss ich in die Ferne!
Ihr Volker

Lieber Volker,

wir vom Fremdenverkehrsamt Herne haben uns sehr über Deinen Brief gefreut. Wir sind natürlich glücklich, wenn die Bürger unserer Stadt hilfreiche und kreative Anregungen geben, um das Ansehen der Stadt in aller Welt zu verbessern. Es ist aber natürlich auch klar, dass wegen der Verwaltung und der Dienstwege alles nicht so einfach zu verwirklichen ist.
Deshalb schicken wir Dir unseren Bildband ***Herne, Stadt der Phantasie*** *und hoffen, dass Du damit viel Freude hast.*

Mit freundlichen Grüßen
Verwaltungsrat Dipl.-Ing. Knosowski

Sehr geehrtes Fremdenverkehrsamt Herne,

Danke für den dritten Teil Ihres umfangreichen Hernebildbandmaterials. Ich finde es ganz toll, obwohl einige der Fotos denen in den ersten beiden Bänden verblüffend ähneln. Eigentlich alle.

Na ja. Hier noch ein Spruch, der so geht:
Herne, Herne, bitte gerne!

Ihr Volker

Lieber Volker,

du gehst uns ganz schön auf den Sack. Der Bildband ***Herne, Stadt der Phantasie*** *liegt bei. Schreib uns nie wieder.*

Mit freundlichen Grüßen
Verwaltungsrat Dipl.-Ing. Knosowski

Sehr geehrtes Fremdenverkehrsamt Herne,

meine Kreativität scheint keine Grenzen zu kennen. Der neueste Spruch geht so:
Wer in Herne lebt, der selten Tüten klebt!
Das ist doch der Hammer! Bitte nehmen!

Ihr Sie ewig liebender Volker

Lieber Volker,
Glückwunsch!
Anbei schicken wir Dir den Bildband ***Herne, Stadt der Phantasie*** *und Deine Ausbürgerungsurkunde. Wir haben sie für Dich schon fertig ausgefüllt und unterschrieben. Es wurde bereits ein Ort gefunden, der Dich aufnehmen wird. Viel Spaß in Deiner neuen Heimat: Eisenhüttenstadt!*

Mit endgültigen Grüßen, Dein Herne

Hollypott

Ins Ruhrgebiet kommt man gefälligst zum Malochen, und da wird auch keine Ausnahme gemacht. Schon gar nicht für Weltstars. Auch die müssen ran an die Schippe. Beispielsweise hat Leonardo DiCaprio in den achtziger Jahren, als er seine Ferien bei seiner Omma in Oer-Erkenschwick (siehe auch: Oer-Erkenschwick) verlebte, den örtlichen Altersgenossen die neuesten Breakdancemoves aus den USA beigebracht.

Meinen ersten richtigen Star habe ich 1982 hautnah und in echt gesehen. Im Capitol-Kino (heute: Bofimax) in Bochum gab es die Premiere von *Das Kommando*, ein furchtbar reaktionärer Film, der einzig und allein zur Verherrlichung der britischen Armee gedreht wurde. Das war mir als Vierzehnjährigem aber egal, denn bei der Premiere war der Hauptdarsteller Lewis Collins zugegen. Der spielte in meiner damaligen Lieblingsserie *Die Profis* mit, die wiederum einzig zur Verherrlichung der britischen Polizei gedreht wurde. Auf jeden Fall war ER zugegen, der Bodie aus *Die Profis*, und ich kann mich noch erinnern, dass er unter großem Gedränge in einer weißen Limousine vorgefahren wurde und einen weißen Anzug anhatte. Es waren halt die Achtziger. Und ein Autogramm hab ich auch ergattert, allerdings musste ich dafür zahlreiche blaue Flecke in Kauf nehmen.

Wenn Stars in den Pott kommen, dann meistens, um zu arbeiten. So wurden die Innenaufnahmen des Films *Heaven* von Tom Tykwer in Bottrop gedreht. Wenn Cate Blanchet also in einem Büro der italienischen Polizei verhört wird, sitzt sie eigentlich in Bottrop. Ährlich.

Und das Beverly Hills des Ruhrgebiets ist Recklinghausen. Dort finden jedes Jahr im Frühling die Ruhrfestspiele statt. Seit die Festspiele mit dem Old Vic Theater in London kooperieren, geben sich die Hollywoodsternchen im Ruhrgebiet die Klinke in die Hand. Denn der Chef des Old Vic ist niemand anderes als Kevin Spacey. Deshalb ist man in Recklinghausen jedes Jahr gespannt, welche internationale Schauspielgröße sich in der Altstadt beim Currywurstessen erwischen lässt. Die Anwesenheit der Hollywoodgrößen macht die Inszenierungen zwar nicht immer besser, aber es ist doch sehr aufregend, im Publikum zu sitzen und zu wissen, dass der Typ da vorne auf der Bühne der Killer aus *Seven* ist.

Dabei hat Recklinghausen ja selber einen richtigen Hollywoodstar hervorgebracht. Die Rede ist natürlich von der Schauspiellegende Ralf Möller, bekannt aus dem großartigen Film *Haialarm auf Mallorca*. Okay, das war jetzt gemein, immerhin war der Mann aus der Muckibude in Blockbustern wie *Batman und Robin*, *Universal Soldier* und vor allem *Gladiator* zu sehen. Als Russel Crowe den Oscar als bester Hauptdarsteller für diesen Film bekam, bedankte er sich bei fast jedem aus der Crew, kurioserweise auch bei Ralf Möller. Näher wird unser Ralf dem Oscar wohl nie mehr kommen. Obwohl: In Kalifornien hat es ja auch ein anderer ehemaliger Bodybuilder zu was gebracht.

Meinen letzten richtigen Promi-Flash hatte ich im Juni 2009, als im Bochumer Schauspielhaus kein Geringerer als Oscar-Preisträger Philip Seymour Hoffman als Jago in Shakespeares *Othello* auftrat. Passenderweise liegt das

Schauspielhaus in Bochum an der Oskar-Hofmann-Straße direkt neben der Kneipe Jago. Nach der Vorstellung versuchte Mr Hoffman dann verzweifelt, im Biercafé am Schauspielhaus aus dem Zigarettenautomaten eine Schachtel zu ziehen. Tja, er wusste halt nicht, dass man in Deutschland dafür mittlerweile eine EC-Karte braucht. Da hat ihm sein Oscar auch nichts genützt.

An seine Zichten ist Hoffman natürlich doch noch gekommen, dank tatkräftiger Mithilfe meines Freundes Thomas, dem Wirt. Wenn Philip Seymour Hoffman also irgendwann mal Lungenkrebs bekommen sollte, möge er sich beim Biercafé in Bochum beschweren.

Verhörer:
Stuhl im Orbit

Kommen wir also noch mal auf den am häufigsten missverstandenen Sänger der Region zurück. Es gibt eine Stelle im Spätwerk Herbert Grönemeyers, die nicht nur mir Rätsel aufgegeben hat. Das Lied *Ein Stück vom Himmel* zählt meiner Meinung nach zu seinen besten Songs. Eigentlich kann man es auch gar nicht kritisieren, denn es deckt auf sehr sensible Weise so ziemlich jeden relevanten Bereich des Lebens ab: Religion, Umwelt, Moral, die Welt, das Leben, das Universum und den ganzen Rest.

Im Refrain singt Herbert folgende Zeile: »Ein Stück vom Himmel, ein Platz von Gott, ein Stuhl im Orbit …« Bei genauerer Betrachtung wird die Bildsymbolik deutlich: Gott sitzt auf einem Stuhl im Himmel, ge-

nauer gesagt im Orbit, also in der Erdumlaufbahn. Das Blöde ist nur, wenn man die Stelle »Stuhl im Orbit« zum ersten Mal hört, kann ein komplett anderes Bild im Kopf entstehen.
Ich dachte bei »Stuhl im Orbit« natürlich zunächst an den Weltraum, also an den besungenen Orbit. Dann dachte ich daran, dass im Weltraum auch viele Sachen rumfliegen, die da eigentlich nicht hingehören: alte Satelliten, kaputte Sputniks, Weltraumschrott halt. Seit einiger Zeit umkreist ja auch die International Space Station (kurz: ISS) die Erde und ist also im Orbit unterwegs. Und ich weiß noch, wie ich einmal in den Nachrichten hörte, dass just diese ISS zeitweise gravierende Probleme mit den sanitären Anlagen an Bord hatte. Die Station litt gewissermaßen an Verstopfung. Und daran musste ich bei der Stelle »Stuhl im Orbit« eben denken. War keine böse Absicht von mir, für mein Unterbewusstsein kann ich nichts!
Ich stellte mir jetzt also vor, wie Herbert Grönemeyer auf der Suche nach Inspiration nachts auf seinem Balkon durch sein Teleskop schaute und dabei die ISS erspähte. Ein Anblick, der ihn vielleicht auf die Idee zu dem Lied *Ein Stück vom Himmel* brachte. Und dann sah er, wie an der ISS an der Seite eine Klappe aufging, ähnlich wie bei einem Flugzeug (er hat natürlich ein Spitzenteleskop, deswegen konnte er aus der Entfernung sogar DAS erkennen). Und aus dieser Öffnung entschwebte dann eben ein durch die fehlende Atmosphäre im luftleeren Raum sofort schockgefrorenes humanoides Abfallprodukt. Und Herbert dachte sich: »Oh, sieh mal: Stuhl im Orbit!«

Natürlich hat er sich das dabei NICHT gedacht. Aber ich eben. Und wenn Sie jetzt denken: Pfui, was für ein billiger Fäkalhumor – ich habe viele Menschen getroffen, die ein ähnliches Bild vor Augen hatten, als sie das Lied zum ersten Mal hörten. So abwegig kann meine Assoziation also gar nicht gewesen sein.
Ich hätte statt »humanoides Abfallprodukt« natürlich auch »Kackwurst« schreiben können, aber das hätte dem sensiblen Thema doch etwas die Würde genommen. So 'n Scheiß mach ich nicht!

I

Industriekultur

Jede Gegend hat bekanntlich ihre eigenen Reize. Die einen mögen das Gebirge, die anderen das Meer. Nach Berlin fährt man, weil es die Hauptstadt ist, nach Köln wegen der Medien und nach Frankfurt aus beruflichen Gründen – niemals freiwillig. Ich habe auch noch nie jemanden sagen hören: »Ich brauche unbedingt mal wieder einen entspannenden Kurzurlaub in Stuttgart!« Und ins Ausland fährt man generell, weil da weniger Deutsche sind. Was also macht den Pott so besonders? Was gibt es hier, was es woanders nicht gibt? Das Schlagwort, mit dem das Ruhrgebiet weltweit als touristisches Reiseziel verkauft wird, heißt natürlich Industriekultur.

Dieser Begriff umfasst alle Gebäude und Stätten, in denen früher malocht wurde und die heute entweder leer stehen oder zur Freizeitattraktion umfunktioniert wurden. Nur bei uns heißen diese Orte Industriekultur. Überall sonst nennt man das: »Da, wo keiner mehr arbeitet!« Stimmt natürlich nicht ganz, denn auch ein leerstehendes Stahlwerk will instand gehalten werden und Eintrittskarten reißen sich auch (noch) nicht von alleine ab. Die Pflege des Vergangenen sorgt bei uns für rege Beschäftigung. Natürlich konnte die Musealisierung der Fabriken und Zechen nicht alle verlorengegangenen Jobs ersetzen. Aber immerhin entstand aus dem Alten etwas Neues, und manches, was eigentlich abrissbereit war, als Denkmal der Arbeit recycelt worden.

Für mich definiert sich das Phänomen Industriekultur am besten an meinem Lieblingsort im Pott: dem Landschaftspark Nord in Duisburg. Dieses Stahlwerk wurde eben nicht dem Erdboden gleichgemacht, sondern zunächst einfach sich selbst und der Witterung überlassen. Wie Dornröschen scheint es vor sich hin zu schlummern, während Efeu und andere Rankgewächse sich langsam, aber unaufhörlich an ihm hochschlängeln und Bäume, Sträucher und Moos den roten Rost begrünen. Die Natur erobert sich ihr Revier zurück, und nirgendwo sonst auf der mir bekannten Welt herrscht eine so romantische Endzeitstimmung wie hier in Duisburg-Meiderich. Man fühlt sich in einen postapokalyptischen Film versetzt. Bei Sonnenuntergang vermutet man hinter jeder Ecke die fiesen Morlocks aus der *Zeitmaschine*. Auf dem Gelände über den verwaisten Rohstofflagern hätten auch *Blade Runner* oder *Twelve Monkeys* spielen können. Dieser Abenteuerspielplatz strahlt gerade wegen seiner morbiden Schönheit auch eine Melancholie aus, der man sich nicht entziehen kann. Und genau diese Sentimentalität macht das Ruhrgebiet und seine Menschen aus: Wir lassen das Vergangene vor sich hin gammeln, schauen dabei zu und machen das Beste draus. Und wem einer dieser Orte nicht ausreicht, der kann sich gleich auf die komplette »Route der Industriekultur« begeben – auf unseren Jakobsweg des Malochers.

Es soll auch in anderen Gegenden laut Hinweistafeln mittlerweile Industriekultur geben. Zum Beispiel das Museum Nordwolle im niedersächsischen Delmenhorst (da, wo Sarah Connor geboren wurde und leider nicht geblieben ist). Es mag also sein, dass Sie vielleicht auch woanders vereinzelt auf dieses Wort stoßen. Nach der Industrie ist bei uns die Industriekultur zum Exportgut geworden. Da waren wir ausnahmsweise mal Trendsetter.

Innenstädte

Im Frühjahr 1990 fuhr ich zum ersten Mal in den Osten Deutschlands. Und zwar in den richtigen Osten – nicht nach Berlin, sondern ins tiefste Thüringen. Dort hielt ich mich für ein paar Tage aus schierer Neugier in Jena, Weimar und Erfurt auf. Bei diesem Besuch kurz nach der Wende wurde mir ziemlich schnell klar, was Ost und West grundsätzlich voneinander unterschied. Im Osten waren die Innenstädte in einem absolut vorzeigbaren Zustand, oder wie man bei uns sagen würde: tipp-topp. Wenn man sich dann allerdings nur ein paar Meter aus dem schön sanierten Stadtkern wegbewegte, schlug einem sofort die architektonische Unmenschlichkeit des Ostblocks entgegen. Bei uns im Westen war es genau umgekehrt. Und ist es immer noch, zumindest im Ruhrgebiet. Die Innenstädte sind von einer dermaßen steingrauen Hässlichkeit, dass man sich nicht nur als Zugereister fragen muss: »Kann man hier überhaupt wohnen?«

Natürlich weiß ich aus eigener Erfahrung durch meinen Beruf als reisender Komödiant, dass es in Deutschland hässlichere Innenstädte gibt als die bei uns. Wilhelmshaven. Oder Unterschleißheim bei München. Besonders fies finde ich ja auch Westerland auf Sylt. Dagegen wirkt die Dortmunder City wie Heidelberg. Aber mir ist einfach unbegreiflich, wie die Städteplaner des Ruhrgebiets es immer wieder schaffen, ihre Städte stetig noch hässlicher zu machen. Schönes wird abgerissen und durch etwas völlig Unansehnliches ersetzt. In Essen hat man das altehrwürdige Karstadthaus am Ende der Fußgängerzone durch eine dieser furchtbaren Shopping-Malls ersetzt. Genauso unpassend wie brechreizerregend ist ein ähnlicher Bau am Rande der eigentlich sehr hübschen Hattinger Altstadt (siehe auch: Altstädte). Von der Fußgängerzone in Herne will ich gar nicht erst reden.

Bei Gelsenkirchen fragt man sich als Zugereister, welcher Teil der City nach dem Krieg wieder aufgebaut wurde und welcher nicht. Und in Duisburg können künstlich angelegte Liegewiesen im Stadtkern keine wirkliche Naherholung simulieren, und eine dicke buntbemalte Frauenskulptur der Künstlerin Niki de Saint Phalle macht noch lange kein Paris.

Wer es ganz hart will, der steigt in Mülheim/Ruhr am Hauptbahnhof aus und kämpft sich durch die Arkaden – wohl ein anderes Wort für optisch untragbare Einkaufsmöglichkeit – in die Innenstadt. Hier scheint die Zeit in den sechziger Jahren stehengeblieben zu sein. Als ich vor kurzem eine Freundin aus Mülheim fragte, wo man denn dort schön spazieren gehen könne, meinte sie nur trocken: »Also, die Innenstadt ist 'ne arme Wurst!«

Nein, die Innenstädte sind kein wirklicher Grund, um ins Ruhrgebiet zu kommen. Um die wahre Schönheit zu finden, muss man sie hinter sich lassen oder am besten komplett ignorieren.

Imbiss

Städte und Landstriche ohne engmaschiges Imbissnetz sind uns Pottlern schwer verdächtig. Und natürlich meine ich mit Imbiss nicht die gelben Ms und andere ähnlich imperialistische Fast-Food-Tempel, deren Etablissements unsere Republik kulinarisch und optisch verseuchen.

Dass McDonald's die Nahrungslandschaft dominiert, daran hat man sich leider auch bei uns im Pott gewöhnt. Wieso wirbt dieser Laden eigentlich ausgerechnet mit dem Slogan »Das etwas andere Restaurant«? Hat da jemand die Definition des Begriffs Restaurant nicht überprüft? Ein Restaurant ist nach meinem Empfinden ein Ort, an dem man als Gast eine Viertelstunde warten muss, bis der Kellner einem das zugestaubte Glas mit Wasser halbvoll gießt und sich dann entmaterialisiert. McDonald's ist doch kein Restaurant, das ist eine weltweit operierende imperialistische Fast-Food-Franchise-Organisation. Da kann ich ja auch gleich an jede Brücke schreiben: Das etwas andere Hotel!

Der globale Verköstigungskreuzzug macht natürlich auch vor dem Ruhrgebiet nicht halt. Auch bei uns stehen überall diese seelenlosen Fraßabfertigungsstätten. Doch zum Glück gibt es bei uns an jeder Ecke eine Pommesbude, einen Griechen oder einen Dönergrill. Hauptsache: »mit alles«! Das Ruhrgebiet zeichnet sich durch eine weltweit vergleichslose hohe Dichte an Frittenschmieden aus, und eine gesunde Vielfalt von familiengeführten internationalen Imbisslokalitäten sagt viel über die Offenheit und Toleranz der Gegend aus. Warnen möchte ich aber vor Etablissements, die länderübergreifende Spezialitäten anbieten wie Gyros Pizza und indische, italienische, chinesische und deutsche Gerichte auf der Speisekarte stehen haben. Sie kennen diese Restaurants, die wirklich alles anbieten. Und die können auch alles. Nämlich alles warm machen! PING!

Noch schlimmer als McDoof finde ich persönlich ja mittlerweile Subway. Obwohl ich sagen muss, dass die Grundidee dieses Unternehmens großartig ist: Die belegen Brötchen! Wie innovativ ist DAS denn? Was für ein geniales kulinarisches Konzept! Da wäre ich gerne selber draufgekommen. Oder zumindest wäre ich gerne dabei gewesen, als der Erfinder von Subway bei der Bank seinen Gründungskredit beantragt hat:

»Was haben Sie denn vor mit dem Geld?«

»Ja also, ich will so 'ne Kette gründen, so 'ne weltweite Bude, wo Menschen Brote aufschneiden und dann mit Salat und toten Tieren belegen!«

»Toll, so was gab's ja noch gar nicht! Und an welche Zielgruppe soll sich Ihr Angebot richten?«

»Ja, vielleicht an die Menschen, die so was motorisch nicht mehr auf die Kette kriegen!«

Das Schlimmste, finde ich, ist aber der Slogan von Subway: EAT FRESH. Das ist Zynismus! Ich habe noch nie in meinem Leben einen so labberigen, geschmacksneutralen Brotersatz zerkauen müssen wie bei Subway. Und ich war in Holland!

Warum schmiert man sich nicht zu Hause eine Stulle? Oder wie man im Pott sagt: ein Bütterken oder eine Knifte! Halt zwei Stück Brot mit was dazwischen. Ist das denn so schwer?

Ischen

Im Ruhrgebiet herrschte seinerzeit bei den Geschlechtern immer eine klare Trennung: Der Mann ging in den Berg oder auffe Schicht, und die Frau schmiss an der Oberfläche den Laden – sie kümmerte sich um den Haushalt und die Blagen. Beides ist schwere Arbeit, oder wie wir sagen würden: Maloooche. Je härter die Arbeit umso länger das o.

Heute lernt man sich übers Internet kennen, man chattet im Cyberspace, twittert sich an, befacebookt oder bemyspaced sich. Im Ruhrgebiet haben wir so was früher mit Brieftauben gemacht. Und in meiner Jugend gab's auch noch Partys, auf denen man sich kennengelernt hat. Kindergeburtstage gingen in meiner Jugend nahtlos in sogenannte Feten über und fanden immer in einem elterlichen Partykeller statt. Von anderen Kindern, versteht sich. Unser Keller war vollgestopft mit Werkzeug. Da konnte man nicht feiern. Feten waren aufregend. Wir Jungs konnten bei dieser Gelegenheit zum ersten Mal mit dem anderen Geschlecht auf Tuchfühlung gehen. Und später am Abend, so gegen 16 Uhr 30, wurde immer das Licht gedimmt und Klammerblues getanzt.

Dieser Begriff steht im Ruhrgebiet für eine spezielle Tanzform: Das Paar bewegt sich engumschlungen möglichst wenig auf einer Stelle, während der männliche Partner versucht, seiner Süßen entweder die Hand unter den Pullover zu stecken oder die Zunge in den Mund – oder beides. In anderen Gegenden in Deutschland nennt man diesen Tanz auch Stehblues, ein Ausdruck, den ich persönlich nicht nachvollziehen kann, denn wir im Ruhrgebiet haben uns beim Tanzen auch bewegt. In Bayern nennt man diese Form des pubertären Näherkommens mit musikalischer Untermalung meist Schieber, und im Berlin heißt es schwofen.

Interessant wurde es in Hamburg, als während meiner nostalgischen Ausführungen eine Frau dazwischenrief: »Das heiß bei uns nich Klammablues, dass heiß Ängtanz! ÄNGTANZ!« (Auf Hochdeutsch: Engtanz.)

Die Pubertät in Norddeutschland muss ungleich unromantischer gewesen sein als bei uns. Man stelle sich vor: Ein schüchterner, pubertierender Junge wird von einem weiblichen Gegenstück aufgefordert: »Komm her, du, jetzt gibt's Ängtanz!« Da geht man doch stiften!

Früher haben Frauen mich bekloppt gemacht. Allein deshalb bin ich froh, dass ich nicht mehr jung bin. Außerdem scheinen die Mädchen heutzutage ganz anders drauf zu sein. Ich sag nur: Girlies! Die gab's in meiner Jugend zwar auch, nur hießen die damals anders, nämlich: Ischen. Wie in: »Lass von der die Finger weg, das ist dem Ralle scine Ische!«. Und die eigene Auserwählte war immer die Perle. Hab ich aber nie so richtig verstanden. Perle – so hieß ja auch oft das Dienstmädchen. Oder nannten die Jungs ihre Mädchen Perlen, weil sie so lange und mühsam nach ihnen tauchen mussten? Jedenfalls hatten die Mädchen früher weniger Tätowierungen, vor allem am Steiß. Da, wo die Pobacken manchmal rausquellen und man die Gesäßfalte sieht. Wir im Pott nennen dieses Phänomen ja auch gerne Klempnerpfirsich.

Unsere Perlen haben sich – wenn sie ganz hart drauf waren – höchstens ein Kaugummi-Tattoo auf den Arm gesabbert. Wenn ich mir die Girlies von heute ansehe, frage ich mich schon, was später aus ihnen wird. Und aus ihren Arschgeweihen.

Ich habe eine Vision: In ein paar Jahrzehnten werden die Ärztezimmer voll sein mit Ex-Girlies im Rentenalter. Und ich sehe schon, wie ein junger Arzt die Omma bittet: »So, Frau Schneppdrelleck, machen Sie sich mal hintenrum frei! O Gott, was haben Sie denn da oberhalb Ihres Gesäßes? Haben Sie sich da nicht richtig gewaschen?«

Und die Omma: »Nee, das ist 'ne Tätowation! Das hat man früher so getragen!«

»Das sieht aber scheiße aus!«

»Ja, das sah früher auch schon scheiße aus!«

J

Jahrhunderthalle

Proportionen sind nicht unsere Sache.

Auf den großen braunen Schildern, die an den Autobahnen für die Kulturhauptstadt Ruhr 2010 werben, sind die stilisierten Umrisse einiger unserer Wahrzeichen zu erkennen: das Bottroper Tetraeder, der Turm des Mülheimer Wassermuseums und natürlich der Gasometer von Oberhausen. Doch was stellt eigentlich dieses unförmige, klobige Teil rechts davon dar? Damit Sie nicht dumm sterben, sage ich es Ihnen. Das soll die Jahrhunderthalle in Bochum sein, die Sehenswürdigkeit mit dem unbescheidensten Namen überhaupt. Jahrhunderthalle! Ich bitte Sie! Geht's nicht noch ein bisschen größer? Warum nicht gleich Jahrtausendsilo oder Millenniumsklotz?

Auch dieses Bauwerk wurde – wie eigentlich jedes Denkmal der Industriekultur – irgendwann mal umfunktioniert und seinem ursprünglichen Zweck entfremdet. Zunächst war der riesige Kasten eine reine Ausstellungshalle des Bochumer Vereins, der damit vor anderen Industriellen angeben wollte: »Guckt mal, was wir für tolle große Hallen bauen können!« Dann wurde dort eine Zeitlang tatsächlich richtig malocht, danach stand die Kiste zwanzig Jahre leer, und für die Internationale Bauausstellung im Jahr 1988 wurde sie natürlich zur kulturellen Mehrzweckhalle umfunktioniert – wie eigentlich jedes Gebäude, das zu diesem Zeitpunkt im Pott leer stand und halbwegs begehbar war.

Die Jahrhunderthalle überdimensioniert zu nennen wäre eine glatte Anmaßung. Jeder Flugzeughangar ist gemütlicher. Hier ist wirklich ALLES zu groß. Nicht umsonst sprechen Tourismusschergen gerne von der Kathedrale der Industrie, denn wie ein Gotteshaus verfügt die Jahrhunderthalle auch über mehrere Schiffe und eine gewaltige, domartige Decke.

Diese Ausmaße sorgen für diverse akustische Katastrophen in dem Ding. Ich habe dort schon Theaterstücke ansehen müssen, bei denen ich kein einziges Wort verstehen konnte. Anderseits muss man wegen der Größe der Halle Rockveranstaltungen dort meist so laut auspegeln, dass sich der Sound ab der vierten Reihe ungefähr so definiert anhört, als würde man ein voll aufgedrehtes Transistorradio in eine Toilettenschüssel halten und dabei abziehen, während über einem ein Kampfjet die Schallmauer durchbricht.

Aber hier gehen ja so schön viele Leute rein, da kann man als Veranstalter doch zugunsten des Profits mal auf Klangqualität verzichten. Die Leute gehen doch eh kaum noch zum Musikhören in Konzerte, sondern um einfach nur dabei zu sein. Die Gigantomanie des Entertainments kennt anscheinend keine Grenzen. Ein Superlativ jagt den nächsten – je mehr Menschen man in eine Halle, auf einen Platz oder in ein Stadion bekommt, desto mehr kann man sich als Veranstalter nachher damit brüsten. Ist doch egal, ob die Leute, die dafür Eintritt bezahlen, was vom Geschehen hören können. Und sehen kann man bei diesen Massenveranstaltungen ja sowieso schon längst nichts mehr. Es sei denn, es wurde eine Videoleinwand installiert.

Auf der U2-Tour 2009 wurde der größte Videoscreen aller Zeiten präsentiert. Das Teil ist so groß, dass man es vom Mond aus sehen kann. Das Blöde ist nur: Auf dem Mond ist keiner, der sich dafür interessiert.

Früher konnte man bei Konzerten dieser Größenordnung in den hinteren Reihen gar nichts sehen. Man war weniger ein Zuschauer als ein Zu-Erahner. Aber jetzt siehst du dank der tollen mega-super-giganto Videoleinwand hinten fast besser als vorne. Seien wir mal ehrlich: Schaut bei solchen Giga-Konzerten noch irgendjemand auf die Bühne? Da vorne könnten doch die Kastelruther Spatzen aufspielen, solange man auf dem Bildschirm Bonos Fresse sieht, sind doch alle zufrieden. Hauptsache, der Videoscreen ist ordentlich groß. Genau wie bei den Leuten, die sich im Elektronikgroßmarkt den breitesten Flatscreen kaufen, um zu Hause festzustellen, dass das Teil für ihre 30-Quadratmeter-Butze einfach viel zu groß ist. Haben Sie schon mal länger als drei Minuten auf so ein Hightech-Plasma-LSD-Ding geschaut? Das brennt einem sämtliche Sehnerven durch. Deswegen spricht man wohl auch bei dieser Technik von hochauflösend. Die meinen die Netzhaut!

Aber offenbar haben sich die Konzertgänger an den ganzen technischen Schnickschnack gewöhnt. Ich war zum Beispiel im September 2007 auf dem Police-Konzert in Hamburg. Natürlich im Stadion, wo sonst? Ich habe mich trotzdem darauf gefreut, diese legendäre Band in der Originalbesetzung noch einmal live zu sehen. Auch die vierstündige Autofahrt und der Ticketpreis von über hundert Euro konnten mich nicht abschrecken. Ich wollte Rock'n'Roll-Geschichte erleben, einen Abend, von dem ich meinen ungeborenen Enkeln noch erzählen kann. Und was habe ich bekommen? Eine Feierabend-Rentnerband, die sich vor mehreren zehntausend Leuten unmotiviert durch ihre alten Hits geschrammelt hat. In einem kleinen, verrauchten Club hätte das vielleicht Spaß gemacht und sogar künstlerischen Sinn ergeben. Aber in der HSH-Nordbank-Arena (vormals Volksparkstadion)? Die Bühne war so weit weg, dass ich auf einmal den Sinn des Liedes *Don't stand so close to me* verstanden habe. Kurz gesagt: Ich habe für ein Schweinegeld zum schlechtmöglichsten Sound zwei Stunden auf eine Videoleinwand geglotzt, um vom Bühnengeschehen überhaupt ansatzweise irgendwas zu erkennen.

Nach The Police in Hamburg habe ich mir geschworen, dass ich diesen Ausverkauf, diesen Betrug, diesen kommerziellen Beschiss am Konsumenten nie wieder mitmachen werde. Das war definitiv mein letztes Stadionkonzert.

Als Zuschauer, meine ich natürlich.

K

Kaffee

Fast so beliebt wie Bier

»Du, ich hab gleich den Kaffee auf!«, sagt man bei uns, wenn es einem zu viel wird. Früher konnte ich gar nicht genug Kaffee bekommen, meine Magenschleimhäute waren koffeingestählt und durchtrainiert. Heute kriege ich schon nach der zweiten Tasse Sodbrennen. Auch ich hab den Kaffee auf! Mir persönlich gibt es zum Beispiel zu viel Kaffee in den Innenstädten. Der Kaffeeverbrauch der deutschen Bevölkerung scheint sich in den letzten Jahren verviertausendfacht zu haben, so viel Koffein schütten sich die Leute den ganzen Tag in den Kopp. Früher gab es Tschibo, vielleicht noch Eduscho und das obligatorische Omma-Café, wo lustige Witwen ihre Rente in Kaffee und Kuchen investierten. Heute muss es natürlich Starbucks sein oder eine ähnliche Kaffee-Lounge, in der man sich mit überteuerten und überaromatisierten Getränken in überbequeme Sessel lümmelt. Ich freue mich über jede Stadt, in die ich komme, in der es noch keinen Starbucks gibt. Bochum hat mittlerweile zwei dieser Läden in der Innenstadt. Zwei! Bochum ist nun wirklich nicht die strukturstärkste Stadt, und viele müssen auf die Mark oder seit ein paar Jahren auf den Euro gucken. Da kann man nicht eben mal zu Starbucks und sich einen Becher Frappu-Al-Paccino für 6,50 Euro reinziehen. Das kann sich bei uns nicht jeder leisten.

»Hey, Erwin, kommste mit zu Starbucks auf 'ne Tasse Kaffee?«

»Nee, lass ma, ich hatte letztes Jahr schon einen, das sprengt mein Budget!«

Was ich ganz schlimm finde, ist, dass man dort seinen Namen nennen muss, wenn man einen Kaffee bestellt. Man wird aufgerufen! Wie demütigend ist DAS denn. Da fühl ich mich wie früher in der Schule: »Der kleine Hennes soll nach vorne kommen, sein Cappuccino ist fertig!«

Kleiner Tipp: Wenn ich gefragt werde, nenne ich immer andere Namen: Dieter, Josef, Horst, Klaus-Rüdiger ... Die Bedienung weiß ja nicht, wie ich heiße, und meine Anonymität ist gewahrt. Und es macht richtig Spaß. Man kann für ein paar Momente jemand anderes sein. Probieren Sie es das nächste Mal aus, wenn Sie bei Starbucks einen Kaffee bestellen. Das Wichtige ist nur: Sie müssen sich den Namen auch merken, sonst wird der Kaffee kalt.

Einmal war ich ganz mutig. Als ich bei der Bestellung nach meinem Namen gefragt wurde, sah ich der Bedienung tief in die Augen und sagte: »Adolf!« Das war ein Spaß, als der Kaffee fertig war und durch die Starbucks-Filiale gebrüllt wurde: »Ein Caffè Latte grande mit Sojamilch und Ahornsirup für AAAADOLF!«

Der Laden war sofort leer – und ich hatte nicht nur meine Ruhe, sondern auch meinen Spaß. Einfach mal nachmachen. Und werfen Sie mir jetzt bloß nicht antisemitische Tendenzen vor. Da kann ja der Vorname nichts für. Außerdem meinte ich Adolf Tegtmeier!

Kinder

Wohin mit die Blagen?

Was macht eigentlich eine Kindheit im Ruhrgebiet aus? Zum besseren Verständnis muss ich es mit dem Aufwachsen in einer anderen Gegend vergleichen: Berlin. Die damals Noch-nicht-wieder-Hauptstadt war für uns Ruhris in den siebziger Jahren ungefähr so weit weg wie die vordere Mongolei oder zumindest Moskau-West. Osten halt. Erstaunlich ist nebenbei bemerkt, dass man damals, als der Eiserne Vorhang noch stand, ziemlich genau sechs Stunden mit dem Auto vom Ruhrgebiet bis nach Berlin brauchte, Grenzkontrolle und Geschwindigkeitsbegrenzung auf der Transitstrecke inklusive. Und heute – mehr als zwanzig Jahre nach dem Mauerfall – braucht man tatsächlich nicht weniger als durchschnittlich sechs Stunden nach Berlin. Da hat sich doch verkehrsoptimierungstechnisch einiges getan, nämlich NICHTS!

Es gab zwei Fernsehsendungen die mein Berlinbild prägten. Die eine war die *ZDF-Hitparade*, wohl auch, weil Dieter Thomas Heck immer wieder betonte, dass er aus Berlin sende. Die andere war die *Rappelkiste*, so eine Art *Sesamstraße* für Sozialhilfeempfänger. Statt Ernie und Bert stritten sich dort zwei irgendwie ähnlich aussehende, wenn auch ungleich hässlichere Puppen namens Ratz und Rübe. Die besangen die zuschauenden Kinder mit hochmotivierenden Liedern wie »Du kannst das nicht, du schaffts das nicht. Lass! Das! Sein!« Viel bedrückender waren allerdings die eingespielten Filmchen, in denen echte Kinder mitwirkten. Die spielten auch schon im Vorspann zu dem Song *Ene, mene, miste* auf Schrottplätzen und zwischen Mülltonnen in irgendwelchen dreckigen und dunklen Berliner Hinterhöfen – bis sie dann vom Hauswart vertrieben wurden. Diese Altersgenossen taten mir damals ganz schön leid. Jahrelang dachte ich, dass das echte Leben der Kinder in Berlin genauso trostlos wie in der *Rappelkiste* wäre. Und dann kam ich 1989 zum ersten Mal nach Berlin und musste feststellen: Es ist wirklich so!

Wie gut ging es uns Kurzen dagegen im Ruhrgebiet. Wir kamen wenigstens ab und zu raus, und vor allem wuchsen wir in dem Bewusstsein auf, dass es noch mehr Städte gibt als unsere eigene. Ich kenne wirklich keine andere Gegend, die so viele Möglichkeiten für Kinder und ihre Erzeuger bietet wie den Pott.

Man kann seine Blagen zum Beispiel mal für einen Nachmittag in das Kinderbergwerk der Zeche Hannover im Bochumer Norden stecken. Da lernen die Kleinen dann, wie das damals unter Tage so war. In dieser liebevoll gestalteten Anlage kann man am Wochenende baggern, buddeln und sogar mit der Lorenbahn fahren. Natürlich im original Bergmann-Outfit und völlig kostenfrei, also für umme, wie man bei uns sagen tut. Kinderarbeit mal anders.

Wer seinen Sprösslingen mehr bieten will, kann nach Bottrop-Kirchhellen zur Movie-World pilgern. Dieses Gelände hat eine bewegte Vergangenheit. Aus meiner Kindheit kenne ich den Ort noch als verschlafenen Traumlandpark – damals fuhr man mit der Maikäferachterbahn, und zwischen den Bäumen versteckten sich maßstabsgetreue Dinosaurierfiguren. Die Dinos hat sich mittlerweile ein cleverer Japaner unter den Nagel gerissen und in seinen Vorgarten gestellt. Anfang der neunziger Jahre wurde aus dem charmanten Dino-Freilichtmuseum der Bavaria Filmpark, der immerhin ein ganzes Jahr lang existierte. Danach erfolgte mit Riesentrara die Eröffnung der Warner Brothers Movie World unter dem Motto Hollywood in Germany – oder besser: Hollywood in Bottrop. So richtig hat die amerikanische Unterhaltungsindustrie im Pott nämlich nicht funktioniert. Die ganze Dauer-Entertainment-Bedröhnung und die hohen Preise machten die Besucher so aggressiv, dass es ständig zu Stress mit dem Personal kam. Bei einer Parade wurde Batman mal fast zusammengeschlagen und traute sich danach nur noch mit Bodyguards in die Öffentlichkeit – toller Superheld. Dann zogen die Gebrüder Warner aus Kirchhellen ab, und heute heißt der ganze Rummel nun einfach und schlicht Movie Park Germany und zieht vor allem an Wochenenden Reisegruppen aus den Niederlanden an, die im Centro keinen Parkplatz mehr gefunden haben.

Wer seine Kinder aber mal so richtig fertigmachen will, der fährt am besten zum Ketteler Hof in Haltern-Lavesum – zur wohl schönsten Outdoor-Attraktion, die ich kenne (outdoor gab es übrigens früher auch schon

KINDHEIT IM REVIER

und hieß draußen). Bei dieser Anlage fragt man sich als Erwachsener: »Warum gab es so was nicht, als ICH klein war!?« Die Wasserrutschen und die Klettergerüste sind der absolute Kindertraum. Es gibt sogar ein verdammtes begehbares PIRATENSCHIFF und die Anlage liegt auch noch idyllisch im Wald – ja, im Wald, so was gibt es bei uns nämlich auch. Da ich mich selber noch nicht fortgepflanzt habe, muss ich mir mit meiner Frau immer die Kinder von Freunden ausleihen, um da hinzufahren. Aber vielleicht ändern wir ja irgendwann doch noch was an unserer Familienplanung. Denn eigentlich gibt es nichts Schöneres als eine Kindheit im Ruhrgebiet.

Kino – der Pott auf der Leinwand

Der wohl erfolgreichste Ruhrpottfilm aller Zeiten ist *Bang Boom Bang*. Dieser Streifen ist bei uns so beliebt, dass er seit 1999 jede Woche freitags um 23 Uhr im Bochumer Ruhrpark-Multiplex UCI läuft. (Keiner sagt bei uns You Cieh Eiih, hier heißt dat Uzi wie die Wumme!) Und die Fans kennen ihren Film: Hier werden die Figuren vom Kinositz aus angefeuert und die Schlüsseldialoge laut mitgesprochen: »Ihr seht nicht nur scheiße aus, ihr seid auch scheiße, ihr beiden!« Wahres Erlebniskino. Wer braucht da noch Digital-3-D? Dass der Regisseur Peter Thorwart zu viele Quentin-Tarantino-Filme gesehen hat, merkt man *Bang* jedenfalls an: Es wird geballert, gezotet und gedrogt, was das Zelluloid hält.

Neben Ralf Richter sind noch andere Schauspielgiganten am Start: Martin Semmelrogge in seiner vielleicht besten Rolle. Oder Oliver Korittke, der als Berliner dialektisch zwar völlig fehlbesetzt ist, aber den zugekifften Antihelden überzeugend rüberbringt – er hat sich wohl sehr gut auf den Part vorbereitet! Und vor allem der große Diether Krebs in seiner letzten Rolle als korrupter Unternehmer Kampmann. Der Film ist quasi ein Denkmal für ihn.

Für viele ist ja *Theo gegen den Rest der Welt* das Nonplusultra, wenn es um Ruhrgebietskinoromantik geht. Das ist bestimmt nicht der schlechteste Film, nur leider spielt er als Roadmovie zum größten Teil im Ausland. Wenn schon ein Film mit Theo, dann lieber den ersten Teil *Aufforderung zum Tanz* mit dem legendären Satz: »Komm, hier ist nichts los, wir fahren nach Bochum.«

Die Fernsehfilmreihe *Rote Erde* machte das Ruhrgebiet bundesweit bekannt. Es ging um die Industrialisierung und den tristen Arbeitsalltag im Pott Ende des 19. Jahrhunderts. Das Blöde ist nur, dass die Serie in München gedreht wurde. In MÜNCHEN! Was soll's? Für Mittelerde musste ja auch Neuseeland herhalten. Authentischer ist dagegen die Serie *Hans im Glück aus Herne 2* von 1983, die tatsächlich vor Ort in Wanne-Eickel und komplett mit Laiendarstellern gedreht wurde.

An dieser Stelle möchte ich cineastische Ergüsse wie die *Lass jucken, Kumpel*-Reihe (siehe: Sex) lieber links liegenlassen, die findet man immer noch in der Erwachsenen-Abteilung der Videothek. Und zwar zu Recht ganz hinten. Auch über die beiden *Manta*-Filme, die 1991 gleichzeitig in die Kinos kamen, schweigt man sich besser aus. Til Schweiger als Ruhrpottcasanova. Geht's noch?

Aber eigentlich gibt es nur einen wahren Ruhrgebietfilm: den mit der Säge. Ich meine natürlich *Jede Menge Kohle*. Regisseur Adolf Winkelmann hat damit Anfang der achtziger Jahre nicht nur einen modernen Ruhrpottwestern mit industrieller *Mad-Max*-Endzeitstimmung gezaubert, sondern deutsche Kinogeschichte geschrieben: *Kohle* ist nämlich der erste deutsche Film, der in Dolby Stereo aufgenommen wurde, und steht damit soundtechnisch *Star Wars* in nichts nach. Das herrliche Breitwandbildverfahren Cinemascope verleiht dem Film die epische Tiefe der goldenen Hollywoodschinken wie *Die Zehn Gebote* oder *Ben Hur*. Fehlt eigentlich nur Charlton Heston, doch den vermisst man dank des Hauptdarstellers Delle Quandt auch nicht. Gegen die Coolness dieses Typen ist Clint Eastwood ein Milchbrötchen. Und wie Dirty Harry ist auch dieser Held wortkarg, aber immer auf den Punkt:

»Warum sacht der nix?«

»Vielleicht, weil er gestern wat gesacht hat!«

Oder fast noch schöner:

»Bisse satt?«

»Satt kenn ich nich! Entweder ich hab Hunger oder mir is schlecht!«

Wer das Ruhrgebiet kennenlernen will, MUSS diesen Film sehen. Das ist keine Empfehlung, das ist ein cineastischer Befehl!

Klassik

Dortmund hat es, Essen auch, sogar Duisburg hat eins. Warum soll Bochum also keins haben? Nein, kein Stadion, ich rede von einem eigenen Konzerthaus, dem hochkulturellen Gegenentwurf zur gemeinen Sportversammlungsstätte. Wenn das Fußvolk samstags zu Bockwurst und Bier fahnenschwenkend ins Stadion pilgert, will der Bildungsbürger samt Anhang der klassischen Musik frönen. Deshalb gibt es bei uns keine Kultur, die so gerne und so viel gesponsert wird, wie die sogenannte Hochkultur.

Doch leider geht die Rechnung nicht ganz auf. So kämpfte das Konzerthaus in Dortmund mit schwindenden Besucherzahlen und wurde bereits kurz nach der Eröffnung für Events, Kabarett- und Rockveranstaltungen vermietet, um einigermaßen über die Runden zu kommen. Die Philharmonie in Essen lief dagegen sehr gut, musste sich aber von ihrem künstlerischen Leiter trennen, der mit seinem Programm zwar die Hütte vollmachte, allerdings nebenbei das Budget um ein paar Milliönchen überzog.

Wie gut haben es da doch die Bochumer Symphoniker, die (noch) über keinen eigenen Spielort verfügen. Dafür füllen sie seit vielen Jahren das Schauspielhaus und bespielen vor allem auch ungewöhnliche und interessante Orte wie das Audi-Max und die Jahrhunderthalle. Die BoSys (nein, das ist keine Boyband) sind allgegenwärtig, spielen an jeder Ecke und beleben damit Bochum. Dabei ist in just dieser Stadt laut Singspielverordnung des Ordnungsamtes jegliche Live-Musik untersagt. Diese behördliche Vorschrift stammt offenbar noch aus dem Dritten Reich. Tatsache ist, dass in Bochum keine Live-Musik gemacht werden darf, weder in Kneipen, noch sonst wo. Während woanders abends die Hütte rockt, bleibt es in der Stadt, die ach so stolz auf ihre Kultur ist, verdächtig und schmerzhaft still. Gut, einmal im Jahr gibt es das Festival *Bochum Total* und kurz darauf den Bochumer Musiksommer, aber das ist noch lange kein Trost dafür, dass in Bochum den Rest des Jahres Musikmachen als Ordnungswidrigkeit gilt.

Da sollte man also doch froh sein, dass zumindest die klassische Musik allgegenwärtig ist. Tatsächlich fiedelt, geigt und dudelt es in Bochum an allen Ecken. Das soll nun anders werden, denn Generalmusikintendant Steven Sloane wünscht sich ein eigenes Haus, die Symphonie soll auf dem Gelände des ehemaligen Wohnungsamtes entstehen, das man vor ein paar Jahren voreilig für ein dann doch nicht gebautes Multiplexkino abgerissen hatte. Und da so ein Bau nicht gerade aus der Portokasse bezahlt werden kann, wurde bei den Bochumer Bürgern kräftig gebettelt, Entschuldigung, ich meinte natürlich: um finanzielle Hilfe gebeten. Und als ob die schöne Summe der spendenwilligen Klassikfreunde nicht ausgereicht hätte, spielte Herbert Grönemeyer zusammen mit den Bochumer Symphonikern auch noch ein exklusives Benefizkonzert. Auf die nötigen 30 Millionen Euro kam man natürlich trotzdem bei weitem nicht, aber immerhin wurde ein Zeichen gesetzt.

Alles hätte so schön sein können. Doch dann meldete sich die kleine Stadt Arnsberg, der Bochum als Regierungsbezirk zufälliger- und kurioserweise unterliegt (siehe auch: Arnsberg). Und die drückten der Stadt Bochum mal eben eine Haushaltssperre auf, was bei einer hochverschuldeten Stadt auch nichts Besonderes ist, nur das Timing war halt denkbar schlecht. Jetzt sieht es also erst mal so aus, dass die Symphonie nicht gebaut wird. Und das ist auch gut so.

Denn Bochum braucht kein halb leerstehendes Konzerthaus wie Dortmund oder ein finanziell untragbares Prestigeobjekt wie die Essener Philharmonie. Ich finde es im Gegensatz viel erstrebenswerter, dass die Symphoniker vor Ort bleiben, überall in Bochum spielen und das Stadtbild beleben, anstatt sich in einem zentralen Klassikbunker einen zurechtzufiedeln. Ich kann natürlich auch verstehen, dass Herr Sloane gerne ein eigenes kulturelles Denkmal hätte, aber wenn ich nur zwei Euro in der Tasche habe, kann ich mir davon auch kein Paar Schuhe kaufen. Dann muss ich eben barfuß gehen. Geht auch. Die einzige Frage, die sich mir stellt, ist: Was passiert jetzt eigentlich mit der ganzen Kohle? Das Thema Konzerthaus ist in Bochum jedenfalls ordentlich vergeigt worden.

Komiker

Kennen Sie den unbeliebtesten Beruf im Ruhrgebiet? Noch vor Politesse, GEZ-Fahnder und Türsteher? Ganz einfach: Komiker! Leute zum Lachen zu bringen ist nämlich gar keine Arbeit, und überhaupt sollte man die Exekutive der Spaßgesellschaft vollkommen ignorieren. So sieht das zumindest ein Großteil der schreibenden Zunft, der sich in seinen Ankündigungen und Besprechungen über den Berufsstand des Humoristen erhebt und den gemeinen Leser (der ja gar nicht SO gemein ist!) immer wieder darüber informiert, wie unnatürlich es doch ist, wenn Menschen in einem Raum zusammenkommen und dann gemeinsam ein paar Stunden Spaß haben. Arbeitende Menschen meine ich jetzt, und nicht diejenigen, die sowieso niemals für irgendwas Eintritt bezahlen müssen. Wie heißen die noch? Ach ja: Journalisten!

Natürlich spricht da jetzt vor allem der gebeutelte und angefressene Kleinkünstler (ein Meter dreiundsechzig) aus mir, der in seiner Heimatstadt meist schlechte Kritiken bekommt, wenn sein Schaffen denn überhaupt Erwähnung findet. Angesichts dieses Medienboykotts bleibt einem doch eigentlich gar nichts anderes übrig, als eine beleidigte Schnute zu ziehen und ins benachbarte Ausland abzuwandern. Oder zumindest nach Dortmund.

Ich bin ja beileibe nicht der einzige Komiker, der von seinen Mitbürgern misstrauisch beäugt wird. Und schon gar nicht der erste. Jürgen von Manger feierte in der Rolle des ruhrpöttelnden Adolf Tegtmeier nämlich nicht zu Hause in Herne seine größten Erfolge, sondern weit weg von der Heimat, in Berlin und München, wo man über den putzigen und nicht-richtig-Deutsch-sprechenden, scheinbar ungebildeten, aber in-seiner-Einfachheit-ach-doch-so-weisen Proletarier lachen konnte. Viele Menschen im Ruhrgebiet fühlten sich durch die übertriebene Darstellung des Adligen von Manger nämlich ziemlich verarscht. Dabei meinen wir es doch nur gut. Der typische Ruhrgebiethumor besteht doch vor allem daraus, dass man angesichts der suboptimalen wirtschaftlichen und gesellschaftlichen Verhältnisse irgendwann lernen musste, über seine eigenen Umstände und damit über sich selbst zu lachen.

Diese Fähigkeit geht dem Publikum in anderen Gegenden eher ab. Wenn du als Zugereister zum Beispiel in München Witze über München oder die Bayern generell machst, kriegst du eine geklatscht – und zwar keinen Applaus.

Oder am schlimmsten: Köln! Dort braucht man nur einmal Düsseldorf oder noch besser Bergheim zu sagen und alle lachen sich schlapp. »Hahaha, ja, die ANDEREN sind die Doofen!« Aber wehe, man kritisiert die seltsame Flüssigkeit, die in Köln als Bier ausgeschenkt wird. Da kann man als Komiker sofort einpacken.

»Aber, aber«, hör ich es schon im Möchtegernfeuilleton knistern. »Es gibt ja doch einen Unterschied zwischen banaler Comedy und hochwertigem Kabarett!« Natürlich gibt es den. Der Kabarettist siezt sein Publikum, trägt einen Anzug und sitzt gerne mal am Klavier. Der Komiker duzt die Leute, trägt Jeans und hat, wenn es hoch kommt, eine Gitarre um den Hals. Die Witze sind die gleichen, oft sogar dieselben. Hören Sie mal ganz genau hin. Während der Komiker seine Gags in volkstümlichen und massentauglichen Beobachtungen versteckt (»Kennste? Kennste? Kennste?«), formuliert der Kabarettist seine Sätze grammatikalisch korrekt aus und sagt zwischendurch mal das Wort Deutschland. Das ist der einzige Unterschied. Ein Volker Pispers erzeugt seine Lacher mit der gleichen Rhetorik wie ein Atze Schröder.

Dieses vermaledeite Schubladendenken zwischen E- und U-Unterhaltung, hochkultureller Bildungsbürgerkunst und Volksbelustigung gibt es in dieser extremen Form übrigens nur bei uns in Deutschland. In England ist Comedy eben Comedy, ob politischer Natur, mit gesellschaftskritischem Hintergrund oder einfach nur zum Spaß. Wissen Sie, wie Shakespeares Komödien auf Englisch heißen? Comedies. Fertig!

Ich verstehe einfach nicht, warum man etwas grundsätzlich schlechtmachen muss, was man von vornherein nicht mag. Ich esse zum Beispiel keinen Blumenkohl, obwohl er sehr vitaminreich und gesund sein soll. Aber mir schmeckt dieses Gemüse einfach nicht. Ich bin da fies für. Aber deswegen geh ich doch nicht in den Supermarkt, stell mich an die Gemüsetheke und krakeele laut rum: »Ihhh, seht mal alle her: Blumenkohl, wie eklig! Bäh, wie kann man so was nur essen!?« Wer Blumenkohl mag, der soll ihn doch einfach genießen. Tut doch keinem weh. Genau wie Comedy!

Ich bin mal in einer Fernsehtalkshow gefragt worden, warum so viele Komiker aus dem Ruhrgebiet kommen. Meine Antwort war: »Weil da so viele Leute wohnen!« So unromantisch das auch ist, rein statistisch gesehen kommen allein aufgrund der Bevölkerungsdichte mehr Komiker von hier als von woanders. Oder fällt Ihnen spontan ein Comedian aus Mecklenburg-Vorpommern ein? Nein? Also!

Krupp

Eine der bekanntesten historischen Figuren im Pott ist der Herr Krupp. Beziehungsweise seine ganze Familie, jener Stahl-Clan, über den schon viel geschrieben und gedreht wurde. Die Krupps sind so was wie die Ewings des

Ruhrgebiets. Und Essen ist Dallas (obwohl der Stadtteil Eving in Dortmund liegt). Die Southfork-Ranch liegt am Baldeneysee und heißt Villa Hügel. Auf der literarischen Ebene könnte man auch sagen, dass die Krupps unsere Buddenbrooks sind. Vor allem, weil Iris Berben bei beiden Verfilmungen das weibliche Familienoberhaupt darstellt. Da schließt sich der Kreis.

An anderer Stelle wird kompetenter und ausführlicher über das Tun und Treiben der Dynastie Krupp berichtet – über ihr opportunistisches Handeln, die Anbiederung an die Nazis, die Ausbeutung der Arbeiter, die Unterdrückung der Gewerkschaften, das Verbot von Betriebsräten und so weiter. Kurz gesagt: Die Krupps waren keine besonders nette Sippe, sondern geldgeil, skrupellos und völlig größenwahnsinnig. Und die Villa Hügel ist das Stein gewordene Denkmal dieser Überheblichkeit. Ein furchtbar hässlicher und protziger Bau, den Bayernkönig Ludwig II. der Bekloppte nicht geschmackloser hätte hinstellen können. Ein passender Vergleich, denn die Krupps waren zeitweise schon so etwas wie die Monarchen des Ruhrgebiets. Jedenfalls hielten sie sich selbst dafür.

Der alte Krupp hatte besonders einen an der Klatsche. Weil er irgendwo gelesen hatte, dass Landluft zur körperlichen Gesundung beitragen soll, ließ er in die Villa Hügel ein Belüftungssystem einbauen, das an die angrenzenden Stallungen angeschlossen wurde. Dadurch roch es in allen Wohnräumen nach frischen Pferdeäppeln. Airconditioning durch Pferdescheiße! Da wäre selbst Cliff Barnes nicht draufgekommen. Und trotzdem ist man in Essen immer noch irgendwie ein bisschen stolz auf seine bekloppte Industriefamilie. Hier im Pott können wir eben noch verzeihen! Und wie ging noch der alte Kneipenspruch: »Was Krupp in Essen ist, bin ich im Trinken!« Prost!

Kulturhauptstadt

Der Pott dreht am Rad. Es geht nur noch um das Jahr 2010, in dem Essen europäische Kulturhauptstadt sein darf. Sie haben richtig gelesen: Essen. Natürlich schmückt sich das gesamte Ruhrgebiet mit dieser Auszeichnung – und selbst angrenzende Nachbarstädte wie Düsseldorf wollen sich mal wieder anschleimen. Beworben hatten sich zwar auch andere Ruhrgebietstädte, aber Essen, und NUR Essen, bekam den Zuschlag. Jetzt darf das ganze Revier mitmachen, was allerdings nur der Freundlichkeit der Stadtväter zu verdanken ist, und seien wir mal ehrlich: Wenn Essen die Show alleine durchgezogen hätte, wäre über Jahrzehnte bei uns Knatsch gewesen. Da zeigt sich doch wieder mal unsere sprichwörtliche proletarische Verbundenheit, und gleich wird wieder das hässliche Wort Ruhrstadt (siehe auch: Paradoxonne) ins Spiel gebracht. Vielleicht bringt das Kulturhauptstadtjahr das Revier ja auch endlich weiter in Richtung politische Eigenständigkeit. Wie schön wäre es doch, wenn wir uns endlich mal selber verwalten dürften – und uns nicht von Düsseldorf, Münster oder dem Sauerlandkaff Arnsberg regieren lassen müssten.

Natürlich gehen die Subventionen mal wieder an die Großen, sprich: die Hochkultur wie Klassik-, Theater-

und Eventprojekte. Ein paar Kulturdrahtzieher werden sich damit finanziell sanieren. Dementsprechend unbeeindruckt ist der hiesige Durchschnittsbürger von diesem Überjahr. Überall, wo ich in den letzten Jahren im Pott auftrat, habe ich nachgefragt, ob sich das Publikum auf das Kulturhauptstadtjahr freue. Und überall erntete ich teilnahmsloses Schulterzucken. »Mal sehen« war da noch das höchste der Gefühle. Begeistert war eigentlich niemand. Ob die ganze Show langfristig dem Normalbürger was bringen wird, sieht man sowieso erst in ein paar Jahren. Hannover besucht ja auch keine Sau, nur weil da mal die Expo war. Aber der Pott hat schon schlimmere Sachen durchgestanden als die Kulturhauptstadt. Das überleben wir auch noch.

L

Loveparade

Sie kennen doch diesen Karnevalsumzug für chemisch aufgeputschte Hörgeschädigte. Dieses große Kulturmegaevent musste im Jahre 2009 leider ausfallen: Die Loveparade wurde abgesagt – wegen Bochum. Nachdem die lustig-verdrogte Technoveranstaltung erst jahrelang die Hauptstadt heimgesucht und in den letzten beiden Jahren Dortmund und Essen akustisch und mülltechnisch verunreinigt hatte, sollte die bunte Krachsause 2009 also durch Bochum ziehen. Die Stadtväter und -mütter taten auch erst schwer begeistert, bis ihnen kurz vor dem eigentlichen Termin wohl bewusst wurde: »Moment mal, die wollen ja durch UNSERE Stadt ziehen! Wo sollen die ganzen halbnackten Bekloppten hin? In die Fußgängerzone?« Das wäre so, als ob man den Kölner Rosenmontagszug mal eben durch die Innenstadt von Wanne-Eickel umgeleitet hätte. Ja sicher wäre das auch irgendwie gegangen, aber wie hätte das denn ausgesehen? Nicht, dass ich das nicht gerne beobachtet hätte, wie Hunderttausende Raver auf bunten Anhängern und auf bunten Pillen laut krawallend durch die Bochumer City gezogen wären. Was für ein Anblick! Aus den Fenstern hätten bestimmt die Oppas auf ihren Kissen nach unten geschaut und gerufen:

»RUHE! Es is' Mittag! Ihr nehmt doch alle Drogen!«

Und die Raver hätten zurückgerufen: »Jaaaa! Und du rauchst Zigarre!«

Das wäre ein kultureller Clash gewesen, von dem sich die Stadt Bochum niemals erholt hätte. Ich bin wahrlich kein Freund von maschinell hergestellter Kirmesmusik und umweltschädigenden Straßenumzügen, und kollektiv bewusstseinserweiterte Massen sind mir auch suspekt. Das liegt aber daran, dass ich über vierzig bin und mittlerweile, vor allem wenn es um Musik geht, jüngeren Menschen gegenüber Sprüche absondere, die auch von meinen Eltern hätten stammen können: »Was ist das denn für ein Lärm?«, »Geht das auch leiser?« oder »Das ist doch gar keine Musik!« Hab ich alles schon mal gesagt. Ich gehöre eben nicht mehr zur nächsten Generation und muss mich manchmal ganz schön zusammenreißen, um wirklich kulturell so aufgeschlossen zu sein, wie ich es gerne wäre.

Das nennt man, glaub ich: Alter. Aber auch meine Meinung macht diese Musik, die von vielen als befreiend empfunden wird, nicht schlechter oder besser. Musik ist zum Glück immer etwas Subjektives. Und auch die Loveparade hat ihren kulturellen Stellenwert in unserer Gesellschaft. Für Bochum ist dieser Zug jetzt abgefahren, Chance verpennt, Parade vorbei. Müssen halt demnächst andere Ruhrgebietsstädte zeigen, ob sie dieses Event gestemmt bekommen. Essen und Dortmund stehen jedenfalls noch. Trotz Loveparade.

Lüdenscheid-Nord gegen Herne-West

Im Ruhrgebiet leben alle Glaubensgemeinschaften der Welt mehr oder weniger friedlich zusammen: Christen, Muslime, Hindus, Juden, Buddhisten, Jedis, Scientologen, Atheisten – und an was man sonst noch so alles glauben kann. Aber streng genommen gibt es im Pott nur eine richtige Religion: Fußball. Wie immer bei Religionen ist das eine sehr ernste Sache. Ich sag mal so:

Wenn irgendwann mal die irische Republik und Nordirland Guinness-bierselig zu einer einzigen grünen Insel vereint sind ...

Wenn sich Juden und Palästinenser friedlich im Gazastreifen in den Armen liegen ...

Wenn Osama Bin Laden und George W. Bush bei einem gemeinsamen Whisky über die verrückten alten Zeiten lachen ...

Wenn also irgendwann einmal der Weltfrieden herrscht und das irdische Paradies zum Greifen nah ist, dann wird es immer noch den Schalke 04 und die Borussia Dortmund geben! Diese Feindschaft wird niemals enden, da kann man als Außenstehender noch so kopfschüttelnd davorstehen, man wird es nie begreifen.

Ich kam im schottischen Stirling in einem Pub (wo auch sonst?) mit einem jungen Mann ins Gespräch, der mich auf seine freundliche schottische Art fragte, wo ich denn herkomme. Dazu sei kurz erläutert, dass sowohl die Schotten als auch die Iren die Deutschen sehr mögen, allerdings auch nur deshalb, weil die Engländer uns so abgrundtief hassen.

Ich antwortete also wahrheitsgemäß: »Germany.«

»Oh, where from?«

Ich hätte natürlich wie üblich »near Düsseldorf« sagen können, aber ich versuchte mein Glück und sagte: »Bochum.«

»Ah, Boohkum! I know!«

Da war ich platt, und es lag nicht am Single Malt.

»Really, how!?«

»Wiiiee Effff Elll!«

Häh? Wie meinen? Wie? Eff? Ell? Doch dann ging mir ein Licht auf: Er meinte natürlich den VFL, meinen Heimatverein!

»Yeah, I'm a big soccer fan! And Boohkum is right between Dortmund and Gählsingkirken!«

Wahnsinn, ein schottischer Fußballfan, der sich nicht nur in der Bundesliga, sondern auch in der Geographie des Ruhrgebiets auskannte. Ich war gerührt!

»And between Dortmund and Schalkieh that's a bit like a derby, isn't it?«

»No!«, sagte ich ernst und legte ihm eine Hand auf die Schulter. »That's not a derby. It's war!«

Ein Schalkefan wird Ihnen zum ewigen Krieg zwischen den Reviervereinen etwas völlig anderes erzählen als ein Borusse. Nur in einem Punkt sind sie sich einig: Die anderen sind immer schuld! Deswegen wird es auch wahrscheinlich nie ein vereinigtes Ruhrgebiet geben. Die Verachtung geht sogar so weit, dass Schalke Dortmund-intern nur Herne-West genannt wird, was die Gelsenkirchener den Borussen mit einem Lüdenscheid-Nord vergelten. Als die Schalker 2001 für vier Minuten Meister waren und der Traum dann durch das Tor von Andresson in der Nachspielzeit von Bayern gegen Hamburg quasi in letzter Sekunde platzte, hatte man auf Dortmunder Seite nur Häme und Spott übrig. Man gönnt sich eben nicht die Butter auf dem Brot. Und die Schale schon gar nicht. Da kann der andere Club mit noch so hohem Abstand in der Tabelle vor einem sein: Man selber ist immer der bessere Verein.

Geht doch: Friedliches Nebeneinander ist also möglich. Wenn auch nur beim Fruchtgummi.

Inzwischen hat das Theater die shakespearischen Ausmaße dieses Clinches für sich entdeckt: Im Mondpalast von Wanne-Eickel wird aus der unversöhnlichen Glaubensfrage Schalke oder Dortmund die Liebeskomödie *Ronaldo und Julia*. Ja, manchmal können wir über dieses Thema sogar lachen. Aber nur im Theater. Niemals im Stadion.

M

Marl

In Marl ist genau einmal im Jahr was los, nämlich dann, wenn die Medienelite sich den Grimme-Preis abholt, gestiftet vom gleichnamigen Adolf-Grimme-Institut. Wie gut, dass der Preis nicht den Vornamen des Stifters trägt. Obwohl ich persönlich es schon irgendwie lustig finden würde, wenn es jedes Jahr hieße: »Und der ADOLF geht an …«

Berühmt geworden ist Marl vor allem durch zwei Männer: Der Regisseur Sönke Wortmann kam hier zur Welt, und Jürgen Möllemann kam hier runter, als sein Fallschirm 2003 nicht aufgehen wollte oder er nicht wollte, dass sein Fallschirm … oder wie auch immer.

Ansonsten ist Marl recht idyllisch (sprich: langweilig) am Fuße des Münsterlandes gelegen und verfügt über eine der lustigsten Autobahnausfahrten Deutschlands – Marl-Sinsen. So wie in dem schönen Satz: »Entschuldigen Sie, junge Dame, darf ich Sie marl sinsen?« Für diesen Kalauer hätte ich gerne den Grimme-Preis! Danke!

Erwünschte Post.

Unerwünschte Post.

Mode

Wenn es im Pott endlich Sommer wird, merkt man das nicht nur daran, dass trotz Temperaturen knapp über dem Nullpunkt überall die Tische draußen stehen und alles so tut, als wäre man in Italien, man sieht es auch an der Mode. Das kann natürlich durchaus etwas Ästhetisches haben, und auch ich selber gerate dank des Textilverzichts mancher Mitbürgerin in hormonelle Verzückung. Aber vor allem und leider merkt man den Gezeitenwechsel an der Herrenmode: kurze Hose unvorteilhaft knapp über dem Kniebereich endend, aber dafür mit Gürtel. Vom Großvater vererbte Sandalen mit weißen hochgezogenen und ausgeleierten Tennis-Socken und ein weit aufgeknöpftes Hemd mit hässlichem Druck und freiem Blick auf die Brusthaarbotanik. Sie denken, ich übertreibe meine Beschreibung zu humoristischen Zwecken? Ich wünschte, es wäre so, aber es ist die grausame Realität und der Preis des Sommers im Ruhrgebiet.

Aber der Ruhrpott-Mann steht zu seinem Äußeren. Der sagt sich: »Ich geh halt mit der Mode!« Nein, tust du nicht. Du gehst nicht mit der Mode. Du sagst zur Mode: »Geh du vor, ich komm in zehn Jahren nach!«

Für viele modisch Unbewusste zählt ja bei ihrer Kleidung vor allem eins: Billig muss sie sein! Am Wühltisch im Großmarkt hörte ich mal einen jungen Mann im Vorbeigehen sagen: »Och, SO ein schönes buntes Hemd für nur einen Euro. Da kann man nichts falsch machen!« Ich schaute mir das Teil an und sagte: »O doch, da kann man sehr viel falsch machen! Eigentlich ALLES!«

Machen sich einige Menschen eigentlich keine Gedanken darüber, WIESO bestimmte Produkte so unverhältnismäßig billig sind? Was dachte dieser Mann, woher dieses Hemd für einen Euro wohl kommt? Direkt aus dem Fabrikverkauf von Lagerfeld? Ich muss doch nicht Betriebswirtschaft studiert haben, um zu begreifen, dass die Menschen, die das zusammengenäht haben, nicht angemessen bezahlt werden KÖNNEN! Und das Schlimme ist: Die Männer, die so was kaufen, bleiben mit diesen Textilien nicht etwa im Ruhrgebiet. Die fahren damit in den Urlaub und zeigen sich dort in der Öffentlichkeit! Vor Fremden! Also, Männer: Bitte! Bevor ihr im Sommer das Haus verlasst, nehmt euch zwei Sekunden, stellt euch vor einen Spiegel und überlegt, ob ihr unsere Spezies wirklich so repräsentieren wollt. Ästhetisch und ideologisch! Bitte! Habt Mitleid!

Es gibt noch etwas, was mir seit einigen Monaten auf den Sack geht, und zwar immens. Es handelt sich um die Produkte einer bestimmten Marke, die ich hier aus rechtlichen Gründen nicht nennen darf. Nur so viel: Es hat was mit Tätowierungen zu tun, und die Marke klingt fast so wie Laurel und Hardy, nur ohne Laurel und mit Ed vorne dran. Sie wissen, wen ich meine. ICH – KANN – ES – NICHT – MEHR SEHEN! Jedes zweite T-Shirt mit vollgekrakelten Pseudo-Tattoo-Motiven – Tiger, Rosen, Totenköpfe –, und überall glitzert, blitzt und strasst es, als wäre morgen Weihnachten. Und alles so schön bunt hier! Aaaargh.

Aber Klamotten und Taschen reichen offenbar nicht. Es gibt von dieser Marke Wunderbäume fürs Auto. Passend zu den Sonnenschutzblenden aus der gleichen Produktreihe. Es gibt Energydrinks, Parfum, Schulranzen,

Feuerzeuge und sogar Gummistiefel für den tätowierten Gartenfreund! Kurz, es gibt nichts, was es nicht gibt. Ich habe sogar neulich bei der Post Aktenordner aus dieser Serie gesehen. Als ob etwas noch weniger zusammenpassen könnte als die Tattookultur und BÜRO-AKTENORDNER! Fehlen nur noch Klosteine und Toilettenpapier. Aber das kommt bestimmt auch noch, das ist dann konsequenterweise endgültig für den Arsch.

Mal ehrlich: Was IST das eigentlich für eine Marke? Streben die nach der Weltherrschaft? War das nicht mal so ein Tattoo-Underground-Ding? Nur weil die alte Frau Madonna mal vor zehn Jahren mit einem T-Shirt dieser Marke auf der Straße beim Joggen fotografiert wurde, glauben jetzt alle, auch so rumlaufen zu müssen. Nichts gegen gutgemachtes Merchandising, aber wenn mich noch einmal so eine glitzernde Tigerfresse beim Einkaufen in der Schlange angrinst, hol ich meine cremefarbene Vanilla-Jeans wieder raus und trage fortan nur noch mit Krokodil-Logo bestickte Polohemden in den Farben mintgrün und lachsrosa. Oder alternativ ein blaues Hemd mit weiß abgesetztem Kragen und dazu den gelben Pullover FDP-locker über die Schultern geschwungen und mit verknoteten Ärmeln vor der Brust. Das ist allemal cooler und revolutionärer als dieser Pseudo-Tatoo-Look.

Moers

Gehörte niemals und auch heute nicht zum Ruhrgebiet, sondern schon immer zum Niederrhein. Auch wenn hier mal Kohle abgebaut wurde. Na und? Das hat man im

Saarland auch! Gehört Saarbrücken deswegen zum Ruhrpott? Nein! Also! Moers hat übrigens nichts mit Walter Moers zu tun. Genauso wenig wie Neuss mit Wolfgang Neuss. Schade eigentlich.

Musicals

Kein Mensch braucht sie, niemand hat nach ihnen gefragt, und doch gibt es sie überall und alle rennen rein: Musicals. Wenn ich außerhalb meiner Heimat mal erwähnt habe, dass ich aus Bochum komme, wurde ich oft angestrahlt: »Oh, da war ich auch mal!«

»Und? Wie hat's Ihnen gefallen? Was haben Sie gesehen?«

»Starlight Express!«

»Sonst nichts?«

»Nein!«

Seit gefühlten 400 Jahren (genauer gesagt seit 1988) läuft nun das kommerziell erfolgreichste Musical der Welt in Bochum zwischen Stadion und verwaistem Imax-Kino an der A40. Den Machern und den Darstellern sei der anhaltende und mir persönlich nicht erklärbare Erfolg gegönnt. Aber ich möchte hier noch mal eines festhalten: Nur weil etwas erfolgreich ist, ist es noch lange nicht gut! Vor allem wenn es sich um ein Singspiel handelt, in dem bizarr angemalte Menschen auf Rollschuhen durchs Publikum eiern, dabei so tun, als wären sie Eisenbahnen, und in kaum verständlichem Deutsch schlechte Songs radebrechen. Ja, die Songs in *Starlight Express* sind scheiße! Aus allen möglichen

Schlagern und Rocksongs zusammengeklaute Klischeeschmonzetten, furchtbar instrumentiert und textlich im wahrsten Sinne des Wortes unterste Schiene. Das Unterhaltsamste dabei ist wirklich noch, dass die Sänger zum Großteil aus dem englischsprachigen Ausland kommen und der deutschen Zunge, wenn überhaupt, nur rudimentär mächtig sind. Das stört den gemeinen *Starlight*-Besucher aber nicht, der kennt den ganzen Rollschuh-Zirkus doch sowieso seit zwanzig Jahren auswendig und singt alles mit.

Was mich an der ganzen Sache besonders ärgert, ist, dass es auch gute und anspruchsvolle Musiksingspiele gibt, die allerdings oftmals von der breiten Masse nicht angenommen werden. Verstehen Sie mich nicht falsch: *Starlight Express* ist in seiner Machart wirklich beeindruckend und von höchst beachtlicher musikalischer Infantilität. Nur hat es mit Bochum und dem dortigen Kulturleben so viel zu tun wie ein Pfarrgemeindefest mit Woodstock. Nämlich nix.

N

Nachgucken

Nachgucken (siehe auch: Brücken) scheint im Ruhrgebiet Volkssport zu sein. Vor allem im Alter. Wenn es eine typische Pott-Postkarte gäbe, dann mit diesem Motiv: Ein Rentner im Feinrippunterhemd mit einer Pulle Bier in der Hand guckt aus dem Fenster, die Unterarme bequem auf ein geblümtes Kissen gestützt. Mit dem Arsch im sicheren Zuhause und mit dem Kopp in der großen weiten Welt. Diesen Sport gibt es auch in der Outdoor-Variante. Wenn man sich nämlich in die Vorstädte begibt, bemerkt man immer mehr Rentner, die in Jogginghose und Unterhemd mit Badelatschen am Straßenrand stehen und fahrenden Autos hinterhersehen. Die machen den ganzen Tag nichts anderes. Ich habe in Bochum-Langendreer einmal wirklich erlebt, wie so ein älterer Herr mir minutenlang beim Einparken zugesehen hat, ohne sich von der Stelle zu rühren. Ich dachte erst, das wäre so eine Animatronik-Puppe aus dem Phantasialand! Aber für den alten Mann war das wohl der Hauptteil seiner Lebensabendgestaltung. Irgendwie auch traurig. Dass ich für das Einparken mehrere Minuten gebraucht habe, tut übrigens an dieser Stelle nichts zur Sache. Über so was mach ich keine Witze. Damals gab es noch keine elektronischen Einparkhilfen.

Nachtleben

Der Letzte macht das Licht an! Wenn es Nacht wird im Ruhrgebiet, dann ist es längst noch nicht dunkel. Vergessen wir für einen Moment die unzähligen Kneipen und die Ausgehmeilen wie das Bermudadreieck in Bochum (siehe auch: Bermudadreieck) und die Rüttenscheider Straße in Essen. Denn so richtig schön ist der Pott nachts nämlich dort, wo er tagsüber eher schäbbich wirkt. Denn dann wird illuminiert, also mit bunten Lampen alles angestrahlt, was zehn Meter über dem Boden steht und sich nicht bewegen kann. Da werden aus grauen Industriedenkmälern plötzlich erhabene Kunstobjekte, die aussehen wie gerade gelandete Raumschiffe aus milliardenteuren Science-Fiction-Filmen.

Am besten fährt man bei Einbruch der Dunkelheit nach Duisburg. Dort sieht man bereits von weitem den grellgrün angestrahlten Leucht-Turm der Stadtwerke. Auch der Gasometer in Oberhausen sieht nachts unfassbar majestätisch aus und wirkt noch größer als bei Tageslicht. Dagegen sieht das neonbeleuchtete Tetraeder etwas mickrig aus. Dafür leuchtet dann weiter östlich eine andere Pyramide: Die gegeneinander aufgestellten Lichtkanonen auf der Doppelhalde Rungenberg in Gelsenkirchen-Buer ballern ein schwer beeindruckendes Lichtdreieck in den Nachthimmel.

Aber nichts geht über einen nächtlichen Besuch des Landschaftsparks Duisburg-Nord. Das ehemalige Meidericher Hüttenwerk scheint nachts direkt aus Steven Spielbergs UFO-Epos *Unheimliche Begegnung der dritten Art* zu stammen. Bei Dämmerung und einbrechender Dunkelheit ist das wirklich der beeindruckendste, magischste und vielleicht schönste Ort im ganzen Ruhrgebiet. Da kann ich jetzt hier noch so viel davon erzählen, wie ich will, und Fotos bringen es auch nicht. Das muss man wirklich erlebt haben. Hier wird man erleuchtet!

Nokia

Der Heuschreckenzug des finnischen Handyherstellers Richtung Osteuropa fiel in Bochum in eine Zeit, als auch wieder mal über die bedrohte Zukunft von Opel diskutiert wurde. Zur gleichen Zeit stand der Discounter Lidl mit seinen stasimäßigen Überwachungsmaßnahmen in den Schlagzeilen und sorgte für Empörung. Allerdings nur für kurze Zeit, denn kurz darauf waren die Lidl-Märkte wieder voll. Und im Herbst 2009 eröffnete gegenüber dem Mandra ein neuer riesiger Lidl-Spitzelmarkt (siehe auch: Bermudadreieck). Und während man dort im Biergarten sitzt, rattert über die Brücke oberhalb der Open-Air-Bühne laut die Nokia-Bahn, die vom Bochumer Hauptbahnhof am ehemaligen Nokia-Werk vorbei und dann weiter über Wanne-Eickel nach Gelsenkirchen und zurück fährt.

Nokia ist inzwischen längst nach Rumänien gezogen, und die Nokia-Bahn wurde in Glückauf-Bahn umbenannt. Angesichts der Entlassung von fast dreitausend Menschen ein mehr als zynischer Name. Wahrscheinlich wird dieser Zug deshalb im Volksmund auch immer noch Nokia-Bahn genannt, weil die Bochumer die kapitalistische Demütigung und den Abbau der Arbeitsplätze nicht vergessen wollen. Die Haltestelle heißt zumindest seit Dezember 2009 nicht mehr Bochum-Nokia, sondern wieder Riemke.

Jedenfalls haben die Finnen mir die Entscheidung sehr leichtgemacht, in Zukunft auf den Kauf ihrer Produkte zu verzichten. Und die Nokia Night of the Proms boykottiere ich sowieso. Und zu Lidl geh ich auch nicht mehr. Ich bin doch nicht blöd!

O

Oberhausen

Halt den Rand, Neue Mitte!

Um etwas zu verkaufen und als schick anzupreisen, muss man es neu benennen. Deshalb heißt das Einkaufszentrum in Duisburg zum Beispiel Carré, und genauso werden aus Ladenzeilen Galerien und, wenn sie überdacht werden, sogar Arkaden. Die Innenstädte im Ruhrgebiet sind so verwaist, wie sie sind, weil die Einkaufsmöglichkeiten in die großen Shopping-Center an den Stadtrand ausgelagert wurden.

In Oberhausen trägt diese Entwicklung den zynischen Namen NEUE MITTE OBERHAUSEN. Hier liegt das größte europäische Kommerzzentrum, das CentrO. Auch wenn das große O am Ende die Verbindung zur Stadt vorheucheln soll, so ist die ehemalige Innenstadt jetzt keine Mitte mehr, sondern mehr so etwas wie der ALTE RAND. Und an dem bröckelt es ja bekanntlich zuerst. Derjenige, der damals den Titel Neue Mitte erfunden hat, ist damit bestimmt stinkreich geworden. Der Preis für Oberhausen war aber definitiv zu hoch. Das kommt dabei raus, wenn man versucht, Städte am Reißbrett neu zu gliedern. Leider kann man da nachher nicht mehr so einfach mit dem Radiergummi drübergehen. Und so entstand das Konsummonster CentrO, unpersönlich bis zum Gehtnichtmehr.

Wenn man das CentrO, das größte Einkaufszentrum des mir bekannten Universums, in Oberhausen besucht, sollte man Folgendes über die dortigen Toiletten wissen:

Die Toilettenangestellten (also die Klofrauen und -männer) verdienen weniger als die Hälfte des gesetzlich vorgeschriebenen Mindestlohns und müssen außerdem noch das Trinkgeld an ihren Arbeitgeber abgeben. Der Definition nach sind sie überhaupt keine Klofrauen. Die genaue Bezeichnung dieses Berufsstandes im CentrO ist… Achtung: Tellerwächter! Ihre Aufgabe ist es nämlich, darauf aufzupassen, dass keiner den Teller mit dem Trinkgeld klaut. Gut, diese Angestellten müssen ebenfalls die sanitären Anlagen von unseren Hinterlassenschaften reinigen – genau wie jede andere Klofrau auf der Welt. Aber im CentrO in Oberhausen heißen diese Menschen eben Tellerwächter und bekommen deshalb auch weniger als die Hälfte des Mindestlohns. Wohlgemerkt, wir reden hier von Oberhausen, nicht von Bangladesch!

Viele werden jetzt »Soziale Ungerechtigkeit!« rufen. Aber ich finde, Tellerwächter ist ein konsequenter Begriff. Warum diese Umbenennung nicht auf andere Berufsfelder ausweiten? Dann wären Müllmänner auch keine Müllmänner, sondern Dreck-Mitnehmer, Busfahrer sind Nicht-gegen-den-Baum-Fahrer, und Autoren sind Tinte-auf-Papier-Bringer. Klingt doch besser und gleich viel beschäftigter.

Also, wenn Sie das nächste Mal im CentrO in Oberhausen auf Toilette gehen, dann wissen Sie ab jetzt, wo Ihr Trinkgeld hinkommt. Das bekommen nämlich nicht die dortigen Tellerwächter, sondern die Chefs der Reinigungsfirma. Oder wie deren genaue Berufsbezeichnung ab jetzt sein sollte: die kapitalistischen Drecksäcke!

Oer-Erkenschwick

Klingt seltsam, gibt es aber wirklich. Ein kleiner Ort im Norden des Ruhrgebiets. Hier ist nichts mehr los, seitdem Leonardo DiCaprio seine verstorbene Omma nicht mehr besucht. Als *Titanic* in den Kinos lief, rannten hier Horden von kreischenden Teenagern rum, um die Orte zu suchen, an denen Leo mal hätte gewesen sein können. Ich stelle mir lieber vor, wie Herr DiCaprio seinen Buddies in Amerika von seinen Ferien im Ruhrgebiet erzählt hat:

»I was at my grandma's in Germany!«

»Cool, where?«

»It's a little place called Ooooäerkingschwigh!«

»And how was it?«

»You don't wanna hang dead over the fence there!«

Genauso doof muss es klingen, wenn Bruce Willis erzählt, in welchem Kaff in der Pfalz er als Sohn eines G.I. zur Welt kam:

»Don't mess with me, I was born in Ihhdarr-Oversteen!«

Öffentlicher Nahverkehr

Von Opel nach Schalke: Der »Darwin-Express«

Oft werde ich gefragt, wo man das wahre Ruhrgebiet finden kann. Die Antwort ist ganz einfach: im öffentlichen Nahverkehr. Man setzt sich einfach in einen Bus oder eine Straßenbahn und gurkt eine Weile durch die Gegend. Dabei trifft man auf die Einheimischen und ihre Umgangsformen.

Es gibt einige Strecken, die ich Ihnen ans Herz legen möchte. Fahren Sie zum Beispiel mal mit dem Bus 146 auf dem Mittelstreifen der A40. Das geht! Steigen Sie einfach am Essener Hauptbahnhof ein und beobachten Sie, wie der Fahrer irgendwann die Hände vom Lenkrad nimmt. Keine Angst: Der Bus wird mitten auf der A40 von Betonschienen geführt, und man juckelt in der Mitte an den armen staugebeutelten Pendlern vorbei über die Autobahn Richtung Essen-Kray. Was den Wuppertalern ihre Schwebebahn, ist den Essenern ihr Schwebebus. Hier macht der Begriff Ruhrschnellweg wirklich Sinn.

In Gelsenkirchen verläuft die Straßenbahnlinie 302 in der Innenstadt unterirdisch, damit man sie nicht sehen muss. Die Innenstadt, nicht die Bahn. Ein Freund von mir nennt diese Bahn auch gerne den Darwin-Express, da seiner Meinung nach auf dieser Strecke jede Lebensform irgendwann mal zusteigt.

Die 302 habe ich als Kind und Jugendlicher immer in die Innenstadt nehmen müssen. Sie ist also Teil meines Lebens und meiner Biographie, auf ihren Sitzen klebt mein Angstschweiß von Klassenarbeiten und verschmähten Liebesbriefen. Hier habe ich meine Matheaufgaben auf den letzten Drücker gemacht oder mit meinem Freund Marcus die grünen John-Sinclair-Kassetten getauscht.

Für die meisten Bochumer ist die 302 so wichtig, weil sie direkt zum Feind führt, will sagen: nach Schalke. Wenn in Gelsenkirchen Fußball gespielt wird, geht hier NICHTS mehr. Die Wagen sind proppevoll mit Fans von beiden Seiten, und dementsprechend unentspannt sind dann auch die Umgangsformen. Da fragt man sich schon mal, ob das mit der Evolution damals wirklich eine so gute Idee war.

Die 302 führt nördlich von Buer nach Bochum-Laer oder umgekehrt. Man könnte auch sagen, von Schalke nach Opel. Oben ist es zugegebenermaßen sehr pittoresk, man ist hier schließlich schon kurz vorm Münsterland. Dann geht es am Berger See und an der heiligen Veltins-Arena vorbei, durch Schalke, über den Rhein-Herne-Kanal und unter der Gelsenkirchener Innenstadt durch. Wie gesagt: Hier verpassen Sie oberirdisch nichts, es sei denn, Sie sind ein architektonischer Masochist.

Aber danach wird es interessant. Ückendorf, oder wie ich diesen Stadtteil auch gerne nenne: das Disneyland des Ruhrgebiets. Hier findet man wirklich alle Klischees des Reviers. Ähnlich wie auf der Main Street im Freizeitpark von Onkel Walt sind hier alle Postkartenmotive gebündelt versammelt: Der Oppa, der aus dem Fenster guckt, Frau mit Kind und Pommes (siehe auch: Pommesbude), der türkische Gemüseladen, die gekachelten Häuser, die Buden … Alles wie bestellt und dann doch nicht abgeholt. Doch hinter den ästhetisch eher fragwürdigen Fassaden gibt es einige wirklich schöne Hinterhöfe und zu

Nobellofts umgebaute Fabriketagen. Die soll halt nur nicht jeder Durchreisende sehen, sonst könnte er ja auf den Gedanken kommen, hierherzuziehen.

Nahtlos geht es durch die ehemalige Stadt Wattenscheid. Spätestens jetzt wird die 302 zum Trauerzug, denn hier sind die Menschen immer noch über die Bochumer Besatzung frustriert. Irgendwann passiert man den Profi-Grill, jene immer wieder mal medial ausgeschlachtete Pommesbude, deren Ruhm darauf fußt, dass ein Sterne-Koch sich ihrer angenommen hat und nun Currywurst-Schranke auf kulinarisch hohem Niveau anbietet.

Hat man dann die Brücke über die A40 passiert, ist es auch schon passiert: Man ist in Bochum Goldhamme. Der Name ist irreführend, denn hier ist nicht nur nicht alles nicht Gold, was glänzt, hier glänzt gar nichts. Dies ist ein Kruppbezirk, wie man an den Arbeiterhäusern rechts und links gut sehen kann, alles fest in türkischer Hand. Wenn die 302 in die Kurve geht, liegt linker Hand die Jahrhunderthalle, und schon ist man in Stahlhausen, nomen est omen. Wie in Gelsenkirchen unterwandert die Bahn dann gnädigerweise die Bochumer Innenstadt und wird in Altenbochum wieder ausgeschieden. Wenn man die Haltestelle Altenbochum-Kirche hinter sich gelassen hat, wird es zunehmend karger, und nach dem hässlich-protzigen Möbelgiganten auf der linken Seite erreicht man die Endstation: Opel, Bochum-Laer.

Hier befindet sich das Opel-Werk 1, wo mein Vater 25 Jahre lang ein und aus ging und auf seine herzlich-direkte Art bei seinen Kollegen mit seinem hessischen Dialekt für manches babylonische Unverständnis gesorgt hat. In diesem Stadtteil habe ich die ersten 20 Jahre meines Lebens verbracht. Und wenn Sie an der Haltestelle einen kleinen, bebrillten Jungen mit einem viel zu großen Tornister sehen, dann lächeln Sie ihn bitte an. Er kann jede Sympathie gebrauchen!

Opel

Nicht erst seit der Wirtschaftskrise ist Opel immer wieder in den Schlagzeilen, bereits Ende 2004 bangten die Mitarbeiter um die Zukunft des Automobilwerkes in Bochum. Oft werde ich als Bochumer Künstler nach meiner Meinung zu Opel gefragt. Es wohl an der Zeit, mich zu outen: Ja, ich bin ein Opelaner. Ich gehe sogar noch einen Schritt weiter: Ich bin ein richtiges Opelkind. Genau genommen würde es mich ohne diese Firma gar nicht geben. Zumindest nicht in heutiger Form. Dazu muss ich ein bisschen in meiner Familienhistorie graben. Meine Familie kommt aus Rüsselsheim, und sowohl mein Vater als auch meine Mutter haben beide dort bei Opel geschafft (hessisch für gearbeitet). Auch mein Opa väterlicherseits, der Vater meiner Mutter und wiederum sein Vater waren dort beschäftigt. Ebenso mein Bruder und diverse Onkel. Meine Eltern lernten sich in den sechziger Jahren bei einer Betriebsfeier kennen und – Adam Opel sei Dank – auch lieben. Mitte des Jahrzehnts wurde das Werk in Bochum gebaut, und mein Vater bekam als gelernter Werkzeugmacher das Angebot, dort als Meister zu arbeiten. So zog meine Familie also ins Ruhrgebiet. An dieser Stelle möchte ich meinen Erzeugern noch mal posthum für diesen Entschluss danken, schließlich führte er dazu, dass ich in Bochum und nicht in Rüsselsheim zur Welt kam und aufwuchs. Wer jemals in Rüsselsheim war, wird meine Dankbarkeit verstehen.

Wir haben damals in Bochum-Laer gewohnt, was man trotz westfälischem Dehnungs-e (wie in Coesfeld oder Soest) nicht Laar, sondern Lähr ausspricht. Laer umgibt quasi das Opel-Werk. Ohne Opel kein Laer. Das Werk war zu Fuß nur fünf Minuten von unserer Wohnung entfernt. Papa ging also spät los und kam früh nach Hause. Jedenfalls hat mich die Firma geprägt, und das erste Wort, das ich schreiben konnte, war dann auch »Opel«. Das war nicht weiter verwunderlich, denn durch mein Fenster leuchtete der Opel-Schriftzug direkt in mein Kinderzimmer. Tagsüber waren die Buchstaben orange und nachts grün. Das Spannendste war immer die kurze Übergangszeit in der Dämmerung, wenn in wenigen Minuten aus Orange Grün wurde. Das war für mich so was wie mein persönliches Nordlicht.

1988 ging mein Vater in Rente, und meine Eltern zogen zurück nach Rüsselsheim. Ich blieb in Bochum und mit mir mein Kadett, ein platinfarbenes Modell der Reihe E. Mein erstes Auto – mit dem bin ich in Paris 'ne halbe Stunde um den Triumphbogen gekreist, bis die Pariser mich wieder rausgelassen haben. Während meines Studiums habe ich in den Semesterferien von 1989–91 dann selber bei Opel geschafft. Genauer gesagt stand ich in Bochum-Langendreer am Fließband und habe dort Teile des Getriebes zusammengesetzt. Wenn Sie Probleme mit einem Opel-Modell aus dieser Zeit haben, bin also höchstwahrscheinlich ich dran schuld.

Ich selber hab meine Opel immer sehr geliebt. Natürlich gibt es Autos mit mehr PS, leistungsstärkeren Motoren und einem besseren Image, aber seien wir mal ehrlich: Was soll man am Freitagnachmittag auf der A40 mit einem Ferrari? Mein Traumauto ist nach wie vor der Opel GT aus dem Jahr 1968, meinem Geburtsjahr: die Corvette des kleinen Mannes. Das schönste Auto, das je gebaut wurde!

Folgende Begebenheiten zeigen sehr schön mein Verhältnis zu Opel und zu Bochum: Morgens stieg ich in der Innenstadt aus meinem Astra aus, als mich ein junger Mann fragte, ob ich nicht Hennes Bender sei. Seine Frage konnte ich guten Gewissens und aus vollem Herzen bejahen. Warum ich denn dann einen Opel fahren würde, ich könnte mir doch sicher was Besseres leisten? Was für 'n Arsch!

Ein paar Stunden später war ich auf der Mülldeponie in Bochum-Harpen, um Altpapier und diversen Unrat dem Recycling-Kreislauf zuzuführen. Das Tolle an Mülldeponien ist ja, dass jeder dort gleich behandelt wird, egal ob er mit einem Maybach oder einem Trabbi aufkreuzt. Wenn du dein Holz in den falschen Container kloppst, kriegst du von den orangefarbenen Jungs einen Anschiss, egal wer du bist und wie viel du auf dem Konto hast.

Auf jeden Fall wuchtete ich eine Kiste nicht-gelesener und nicht-gewollter Werbeinformationserzeugnisse in einen Behälter, als ein breitschultriger Wertstofffachentsorger (oder Müllmann, wie man früher sagte) auf mich zukam und quer über die Deponie rief: »Hey, Herr Bender!«

Au weia, da kommt man sich sofort wieder vor wie auf dem Schulhof, wenn die Pausenaufsicht einen beim illegalen Dealen von Fußballbildchen erwischt.

»Äh, ja?«

»Pass mal auf, Herr Bender, ich wollte dir mal wat sagen!«

Von Autoritätspersonen in einem Atemzug gleichzeitig gesiezt und geduzt zu werden, ist nie ein gutes Zeichen. In diesem Moment hätte ich mich gerne noch kleiner als sowieso schon gemacht.

»Was denn?«

»Ich wollte dir nur mal mitteilen, dass ich es gut finde, dass du ein Auto von hier fährst!«

Noch Fragen?

Ich habe übrigens sehr viel Respekt vor dem Berufsstand des Müllmannes. Immerhin wollte ich als Kind selbst einer werden. Kein Scheiß, wenn mich Erwachsene gefragt haben, was ich denn mal werden wolle, sagte ich immer:

»Ich will zur Müllabfuhr!«

»Warum das denn?«

»Die kommen nur dienstags!«

P

Pannemann

Es gibt natürlich auch bei uns Zeitgenossen, um die man lieber einen Bogen machen sollte. Wir nennen diese Herrschaften gerne Pissköppe, Vollpfosten oder Pannemänner.

Niemals jedoch sollte man das Wort Prolet als Beleidigung verwenden. Davon würde sich hier sowieso niemand beleidigt fühlen. Dazu assoziiert man diesen Begriff bei uns einfach zu sehr mit ehrlicher Arbeit. Würde man mich als Proleten bezeichnen, würde ich mich eher in meinem Status als Arbeiterkind geehrt fühlen. Meistens wird dem Gegenüber ja mit dieser Bezeichnung das Fehlen von Bildung und Intelligenz unterstellt. Dies funktioniert aber im Ruhrgebiet nur mit der Ableitung Proll. Ein Proll hat meistens Oberlippenbehaarung und einen Vokuhila. Wenn er dazu noch Holzfällerhemden und Freundschaftsbändchen an den Armen trägt, können Sie ihn ungestraft mit »Petry Heil« begrüßen. In einem hitzigen Gespräch ist die Verniedlichungsform Prolo die sicherste Variante für Ihr Nasenbein. Schwachmat geht auch gerade noch so durch, allerdings sollte man den so Betitelten schon ein paar Jahre oder zumindest ein paar Biere lang kennen.

Noch besser funktioniert das von mir so geliebte Wort Pannemann, weil es nicht die gesamte geistige Verfassung des Gegenübers umschreibt, sondern nur den flüchtigen Moment in dessen Auffassungsgabe. Es klingt einfach niedlich, fast so wie ein Kinderbuch von Janosch: »Oh, wie schön ist Pannemann!«

Paradoxonne

Irgendwann sind der schreibenden Zunft die Synonyme für Ruhrgebiet ausgegangen. Es gibt gar nicht so viele – das sieht man ja auch in diesem Buch hier. Es gibt noch Pott und Revier. Das war es dann schon. Also hat sich ein findiges Kerlchen den Begriff Ruhrstadt ausgedacht, und sogleich haben sich alle Verbände und Werbeträger draufgeschmissen wie die Fliegen auf ein frisches Stück Sie-wissen-schon-was. Um es hier mal deutlich zu sagen: Es existiert keine Ruhrstadt. Der Pott besteht aus mehreren ineinander übergehenden Städten, die sich bestenfalls gut gesonnen sind und ansonsten glücklicherweise weit genug auseinander liegen (Herne-West und Lüdenscheid-Nord zum Beispiel). Man kann eine ideologische Einheit nicht durch einen im Werbelabor künstlich erzeugten Begriff wie Ruhrstadt erzwingen. Dieses Wort ist quasi ein Paradoxon, ein Widerspruch in sich. So wie das Wort Gefrierbrand. Oder Nullwachstum, das Wirtschaftsheinis so gerne benutzen! Derzeit leben wir ja sowieso in einer Welt voller Widersprüche: Da darf zum Beispiel jemand wie Dieter Bohlen über Talent entscheiden. Das ist ein Paradoxon, das geht nicht! Das ist so, als würde Stevie Wonder ein Kunstmuseum besuchen und sagen: »Dieses Bild gefällt mir!«

Im Alltag trifft man ständig auf dieses Phänomen. Im Supermarkt hörte ich einmal die Durchsage: »Liebe Kunden, achten Sie auf unser heutiges Sonderangebot: flüssigen Klostein!« So etwas ist physikalisch unmöglich, denn entweder ist etwas flüssig oder aus Stein – beides zusammen geht nicht, das sind völlig andere Aggregatzustände. Und aus was für einem Material ist eine Holz-Eisen-Bahn? Kann mir das mal jemand erklären? Übrigens kann man doch tatsächlich Delikatess-Schweinskopfsülze kaufen! Dabei ist so was ernährungsästhetisch unmöglich, denn entweder ist etwas Delikatess oder Schweinskopfsülze. Da können Sie jeden Fernsehkoch fragen. Neulich war ich mit meinem Patenkind auf einer Kirmes. Dort gab es ein Mini-Riesen-Rad! Ich hab gedacht, mich holen se ab. Das ist doch Schwachsinn! Und was soll ich mir bitte schön unter einer Doppel-Haus-Hälfte vorstellen? Die Hälfte von einem doppelten Haus ist nach meiner Rechnung ganz einfach EIN Haus!

Das erste Mal ist mir dieser sprachliche Wahnsinn aufgefallen, als ich in meine erste eigene Wohnung zog. Da kam schon nach wenigen Wochen meine Nachbarin von oben und sagte: »Herr Bender, Sie machen den Flur immer nie!« Was jetzt? Immer oder nie? Wahrscheinlich ist ihr dieser Widerspruch gar nicht aufgefallen. Genau wie meinem Vater, der immer zu sagen pflegte: »Ich will ja nicht drängeln, aber mach hin!«

Wir sind eben den ganzen Tag von paradoxen Aussagen umgeben – achten Sie mal drauf. Ganz oft hört man: »Komm, geh weg!« Soll man jetzt kommen oder gehen? Oder neulich an der Tankstelle meinte einer an der Zapfsäule neben mir: »Mein Tank ist voll leer!« Darauf sein Mitfahrer: »Scheiße, ich muss pissen!« Der größte Wider-

Endlich gefunden: Die Doppelhaushälfte!

spruch dürfte aber für viele immer noch die Aussage »glücklich verheiratet« sein. Das geht GAR nicht!

Mein allerliebstes Paradoxon ist aber nach wie vor Ost-West-Falen! Wo soll das denn genau geographisch liegen, bitte? Im Osten? Im Westen? Jedenfalls weit genug weg von der Ruhrstadt!

Pommes

Die Pommesbude ist nicht nur Ort der Essensaufnahme, sondern ähnlich der Bude sozialer Treffpunkt des Reviermenschen (siehe auch: Budenzauber). Wenn Sie eines dieser unzähligen Etablissements besuchen, dann bestellen Sie sich am besten etwas »zum hier essen« und nicht to go oder, wie wir im Pott sagen, »auffe Faust«, also zum Mitnehmen. Verweilen Sie ein paar Minuten oder auch etwas länger, und beobachten Sie das Treiben. Denn hier lebt das Ruhrgebiet wirklich, nirgendwo kann man es besser kennenlernen als bei einer gepflegten Schale C-Wurst-rot-weiß (Currywurst-Pommes Mayo-Ketchup).

In Dortmund stand irgendwann mal eine Frau neben mir. So weit nichts Besonderes. In der einen Hand hielt sie ein kleines Kind unbestimmbaren Geschlechts. In der anderen Hand hielt sie eine Schale, aus der eine viel zu große Portion Pommes mit dampfender Mayonnaisebeilage quoll. Auch nichts Besonderes. Sieht man im Ruhrgebiet überall. Gehört zum Stadtbild: Frau mit Kind und Pommes. Ich habe den Verdacht, wenn mal lange Zeit nirgendwo eine Frau mit Kind und Pommes

Gesünder essen in Schottland: Chip Roll, Pommes im Brötchen. Nährwert gleich null, aber Hauptsache mit Essig drüber.

zu sehen ist, fährt irgendwann ein großer dunkler Kombi vor, und schwarzgekleidete Männer mit Sonnenbrillen und Knöpfen im Ohr stellen schnell eine Frau mit Kind und Pommes hin. Es würde mich auch nicht wundern, wenn es dieses Motiv demnächst als Souvenir auf Postkarten und Keramiktellern gäbe. Auf jeden Fall hörte ich, wie das kleine Kind zu seiner Mutter sagte:

»Mama, gib mich die Pommes!«

Bei solchen Sätzen geht mir als Revierkind das Herz auf, und ich möchte diese wunderbaren Momente um keinen Preis der Welt tauschen.

Die Mutter beugte sich zu ihrem Kind hinab und hielt dabei die Schale mit der dampfenden Kartoffelspeise weiterhin so geschickt, dass keine Fritte von der Pappe fiel.

Dann sah sie ihren Nachwuchs an und sagte zärtlich:

»Man sagt nicht: ›Gib mich die Pommes‹, es heißt: ›Gib mich die Pommes, BITTE!‹«

Pottgewächs

Ich möchte mich an dieser Stelle kurz rechtfertigen, warum ausgerechnet ich ein Buch über das Ruhrgebiet verfasst habe. Erstens bin ich hier geboren. Zweitens bin ich nie weggekommen. Und drittens bin ich hiergeblieben. Punkt zwei und drei sind sich zwar von der Aussage her ähnlich, aber was soll's? Ich bin ein typisches Kind des Ruhrgebiets. Ich bin ein Sohn von Gastarbeitern. Meine Eltern waren Hessen.

Geboren wurde ich am 19. Februar des wilden Jahres 1968. Das macht mich automatisch zu einem waschechten Achtundsechziger. Und seitdem ich die vierzig überschritten habe, bin ich sogar ein ALT-Achtundsechziger. Von den ganzen Unruhen habe ich damals natürlich nichts mitbekommen. Auch nicht davon, dass knapp zwei Wochen später im englischen Chester ein gewisser Daniel Wroughton Craig zur Welt kam, der heute als

James Bond weltberühmt ist. Das sei ihm gegönnt, mich stört nur, dass James Bond jetzt zwei Wochen jünger ist als ich. Ich habe mich daran gewöhnt, dass Fußballspieler heutzutage weitaus jünger sind als ich. Aber dass ich älter bin als 007, macht mich fertig. Ich glaub das ja nicht! Der Mann ist niemals zwei Wochen jünger als ich!

Denken Sie nur mal an die Szene in *Casino Royale*, wo Daniel Craig in dieser engen blauen Badehose dem Meer entsteigt. So sieht in meinem Alter KEIN Mann aus! Niemals! Das war doch ein Special Effect! Dieses Sixpack muss computeranimiert sein oder zumindest gephotoshopt. Das war bestimmt das Teuerste an dem ganzen Film. Da ist ja sogar bei mir die Milch eingeschossen. Also, ich war erschüttert. Und nicht gerührt!

Aber ich schweife ab. Geboren hat mich meine Mutter Lydia also in Bochum, und zwar in der Landesfrauenklinik unweit des Tierparks. Ich könnte hier schon einen guten Gag machen, aber die Realität ist noch viel lustiger und grausamer: Tatsache ist nämlich, dass wenige Jahre nach meiner Geburt die Landesfrauenklinik zur örtlichen Nervenheilanstalt umfunktioniert wurde. Mein Vater folgert daraus haarscharf: »Kein Wunder, dass aus dir so was Beklopptes geworden ist, schließlich bist du in der Klapse geboren worden!« Kausale Zusammenhänge zwischen dem Ort meiner Geburt und meiner späteren Berufswahl sind bisher noch nicht nachgewiesen worden, wären aber bestimmt mal eine Studie wert. Dafür werde ich mich aber bestimmt nicht noch mal in diesen Bau begeben. Und wenn, dann nur in einer Zwangsjacke.

Punk

»Guten Tag, ich bin der Sänger von Schließmuskel!« Das ist eine Begrüßung, die man erst mal verarbeiten muss. Tatsächlich war der nette Mann, der sich mir bei einer Radiosendung 2007 in Wuppertal vorstellte, einst der

Frontmann einer Punkband mit ebendiesem anatomisch originellen Namen. Und irgendwie, irgendwo und irgendwann müssen wir uns früher mal über den Weg gelaufen sein. Wahrscheinlich bei einem Konzert der Kassierer, laut eigenen Angaben die »erstaunlichste Band des Universums«. Diese Punkchaoten aus Wattenscheid haben mit Songs wie *Sex mit dem Sozialarbeiter* oder *Blumenkohl am Pillemann* bundesweit bleibenden Eindruck hinterlassen. So fanden sich auf der zum 20-jährigen Jubiläum erschienenen Tribute-CD *Kunst* musikalische Größen wie Mambo Kurt, die Donots, Gunter Gabriel und sogar zwei Drittel der Ärzte wieder. Dass ich persönlich mit meinem Kumpel Heinz-Peter Lengkeit dort auch ein Lied schmettern durfte, sei hier ganz unbescheiden und nur nebenbei erwähnt.

Punk im Ruhrgebiet ist mehr als nur eine gesellschaftliche Gegenbewegung. Es ist irgendwas anderes. Was genau, weiß ich auch nicht, aber ich bin froh, dass es ihn gibt. Immer noch. Woanders wurden aus ehemals wilden Punkern irgendwann mal reifere Herren, die sich dem musikalischen Mainstream ergaben, so wie die Hosen oder die Straßenjungs aus Frankfurt. Bei uns sind die wenigsten Punkbands alt geworden. Zumindest nicht in Würde. Die meisten haben sich entweder aufgelöst oder benehmen sich immer noch unmöglich. Bei der Bühnenshow der Kassierer entledigt sich Sänger Wölfi zum Beispiel auch heute noch regelmäßig seiner Kleidung – ein in der Rockmusik nicht unübliches Stilmittel. Wer diesem Ereignis schon mal beiwohnen durfte, der weiß, dass dies bei Wölfi kein ästhetischer Anblick ist. Nicht schön, aber durchaus sehenswert. Ich habe selbst schon des Öfteren mit den Kassierern auf der Bühne gestanden. Bekleidet. Einmal sogar in der Rolle von Gott: Ich musste im Goldhemd und mit weißem Rauschebart bei dem Lied *Gott hat einen IQ von 5 Milliarden* das Publikum mit Brötchen beschmeißen. Glory days! Der Höhepunkt unserer Zusammenarbeit war allerdings ein von den Jungs verfasstes Hörspiel, in dem ich die Titelrolle sprechen durfte. Das Werk heißt *Der Sackabreißer von Wattenscheid.* Wäre das nicht eine schöne Grabinschrift für mich? Stellen Sie sich mal vor, Sie gehen über den Friedhof und lesen den in Stein gemeißelten Satz: »Hier ruht der Sackabreißer von Wattenscheid!« Schön ist das nicht. Aber das ist nun mal Punk. Punkt.

Punkte

Die Bude war nicht nur für Erwachsene ein zentraler und sozialer Ort (siehe auch: Budenzauber). Auch wir Blagen frequentierten sie mehrmals täglich, um unser klägliches Taschengeld umzusetzen. Ich habe einen Großteil meiner Barschaft für Klebebilder ausgegeben, die in Sammelalben geklebt wurden, die man niemals nicht vollbekommen hat. Besonders schlimm wurde es, wenn die Bilder zusammen mit Karies fördernden Nahrungsmitteln verkauft wurden. Ich hatte zum Beispiel das Hanuta-Album zur Fußball-WM 1982. In meiner Siedlung in Bochum-Laer hatten das mindestens noch zwanzig andere Kinder, aber wir haben auch nicht eins davon vollgekriegt. Wir haben getauscht wie die Bekloppten und nebenbei Hanutas gefressen, bis der Zahnarzt kam. Ich glaube, ich bin in dieser Zeit haarscharf an der Diabetes vorbeigeschrappt. Aber im Vergleich zu heute war unsere Sammelei ja geradezu harmlos. Beobachten Sie mal, wenn die Blagen mit *Yu-Gi-Oh!* oder *Magic: The Gathering* aufeinandertreffen. Die tauschen nicht mehr, die dealen. Das sind teilweise richtig kriminelle Praktiken, die da an den Tag gelegt werden, davon kann selbst die Mafia noch was lernen.

Menschen sind halt Jäger UND Sammler. Aber es gibt eine Frage, die möchte ich nicht mehr gestellt bekommen. Nicht in diesem Leben und auch nicht in dem, das danach kommen könnte: »Sammeln Sie die Punkte?« Ü-ber-all! Beim Tanken, beim Einkaufen, beim Bäcker, in der Bahn, demnächst wohl auch auf der Toilette: »Sammeln Sie unsere lustigen Pinkelpunkte und tauschen Sie sie gegen Prämien wie feuchtes Klopapier oder einen Briefbeschwerer aus echtem Urinstein!« Was soll der Scheiß? Punktesammeln ist die Rabattmarkenkultur des dritten Jahrtausends.

In Bochum habe ich vor ein paar Jahren an einer Imbissbude sogar einen Wurstpass bekommen! Was soll ich damit? Kann man damit in Bayern einreisen? Oder bekomme ich, wenn ich zehn Currywürste gegessen habe, einen Cholesterintest gratis? Ich verstehe das Prinzip ja, da soll Treue belohnt werden – Stichwort Kundenbindung. Aber mal ehrlich: Wenn der Scheiß, den man so kauft, billiger wäre, müsste man auch keine Punkte sammeln. Das wär doch viel einfacher. Und wenn ich wirklich Punkte sammeln will, fahr ich mit 130 Sachen bei Gelsenkirchen über die A40.

So wie hier:

Q

Quarzen

Im Pott wurde immer geraucht! Oder wie man hier auch gerne sagt: gequarzt. Daran wird auch ein gesamteuropäisches Nichtraucherschutzgesetz nichts ändern. Finden Sie sich damit ab, wenn Sie uns besuchen! Wagen Sie es ja nicht, in ein Lokal zu gehen und sich über den Rauch zu beschweren. Da können Sie gleich nach Niedersachsen fahren – oder wo auch immer Raucher wie gesellschaftlicher Abschaum vor die Tür geschickt werden. Bei uns wird geraucht! Ich glaube, selbst wenn es irgendwann so etwas wie ein mobiles Anti-Raucher-Kommando gibt, das abends die Kneipen im Pott mit scharfgemachten Spürhunden nach verbotenen Tabaksubstanzen durchsucht, werden sich alle sofort nach Verschwinden des Nikotinkommandos eine anzünden und ihr schepperndes, heiseres Lachen erklingen lassen, so wie es nur Raucherlungen können.

Es scheint so, als ob der Reviermensch Teer in der Lunge zum Atmen brauche. Schließlich atmen wir schon quasi bei der Geburt Kohlenmonoxid ein. Immerhin wurde eine verbreitete Atemwegskrankheit nach einem berühmten Ruhrgebietindustriellen benannt: Pseudokrupp! Frischluft ist eben nix für unsereins. Deswegen fühlen wir uns auch in Luftkurorten so unwohl. Bei einer Tour durch den idyllischen Schwarzwald wurde mir von dem ganzen guten Sauerstoff so schlecht, dass ich mich erst mal eine Viertelstunde unter den Auspuff meines Autos legen und durchatmen musste. Dann ging's wieder.

Ich habe keine Ahnung, warum man bei uns im Ruhrgebiet so sehr an der Kippe hängt und sich so vehement gegen den weltweiten Gesundheitswahn wehrt. In anderen Ländern funktioniert das doch wunderbar: In Holland darf man sogar in den Coffeeshops nicht mehr rauchen! Kiffen ja, aber wehe, da ist Tabak mit im Spiel. Könnte ja gesundheitsschädigend sein, wenn man sich neben dem ganzen Haschisch auch noch Nikotin reinpfeift! Anderes Beispiel: In Schottland oder in Irland wird in den Kneipen nicht geraucht – weil man das nicht darf! Nun sind die Iren und Schotten von Natur aus eher aufständische Volksstämme, die sich jahrhundertelang gegen Invasoren und Unterdrücker gewehrt haben. Ich nenne nur Namen wie William Wallace, Rob Roy, Michael Collins oder Chris de Burgh. Die Rebellion liegt den Kelten eben im Blut.

Warum also lässt man sich dort scheinbar wehrlos das allgemeine Rauchverbot gefallen? Zumal in den dortigen Kneipen und Pubs erfahrungsgemäß 80 Prozent der Bevölkerung leben! Die Antwort ist ganz einfach: Weil die Iren und Schotten nicht dumm sind! Die Wirte dort haben erkannt, dass, sobald nicht mehr geraucht wird, auf einmal ganze Familien, ja ganze Clans ihre Pubs bevölkern. Und wer nicht ständig Tabakdunst ausgesetzt ist, hält besser durch, bleibt länger und trinkt auch mehr. Denn am Zigarettenumsatz verdient man als Gastwirt nun mal nichts, am Alkoholausschank umso mehr. Scheint eine reine Vernunftsache zu sein.

Aber nicht im Pott. Während in anderen Bundesländern nur noch vor der Tür geraucht werden darf oder in dafür farblich markierten Zonen, quarzen die Pottmenschen in Nordrhein-Westfalen und vor allem im Ruhrgebiet, bis die Lungenflügel quietschen. Es ist wohl die letzte Bastion der persönlichen Freiheit, an der sich die Süchtigen festsaugen wie am allerletzten Glimmstängel. Auch die meisten Wirte zeigen sich komplett verbohrt, wenn es um das Thema Nichtrauchen geht. Selbst in den meisten Restaurants kann man noch rauchen. Da gibt es zwar oft Nichtraucherzonen, die aber perverserweise oft hinter dem Raucherbereich liegen.

Einen Nachteil hat die Nichtraucherei dann ja doch: Wo nicht geraucht wird, riecht man jeden Furz! Und wenn dann noch die sanitären Anlagen nicht auf dem neuesten Stand sind und die Kundschaft unter fortgeschrittener Alterstranspiration leidet, dann kann schon mal ein undezent kloakesker Geruch mit leichtem Schweißabgang durchs Etablissement ziehen. Vielleicht ist DAS auch der Grund, warum nach kurzer Zeit im Ruhrgebiet in den Lokalen wieder geraucht wurde – man hat es geruchstechnisch einfach nicht länger ausgehalten. Lieber am persönlich gezüchteten Lungenkrebs verrecken, als im Flatulenzgestank seines Nachbarn auf sein Bier zu warten. Und wahrscheinlich denkt der Pottler sich: Wenn schon die Schlote nicht mehr qualmen, dann muss ich eben selber ran.

R

Randgebiete

Wenn man vom Ruhr-POTT spricht, dann meint man vor allem die nahtlos ineinander übergehenden Städte Dortmund, Bochum, Herne, Gelsenkirchen, Essen, Mülheim, Duisburg und Oberhausen. Das ist der Pott. Und auch wenn ein netter Ort wie Moers sich im Rahmen der europäischen Kulturhauptstadt 2010 an das nahegelegene Duisburg rangeschleimt hat, sorry, ihr gehört nicht dazu!

Überhaupt: Wo endet das Ruhrgebiet und wo fängt es an? Wenn man großzügig ist, könnte man sagen: Die Übergänge sind fließend. Also, bitte sehr: Das Ruhrgebiet franst im Norden ins Münsterland aus, erkennbar an den ersten rotgebacksteinten Häusern, der flachen Landschaft und der sprichwörtlichen westfälischen Sturköpfigkeit, die dem weltoffenen Gemüt des Ruhrgebietsmenschen spätestens in Haltern weicht.

Ist man in Hamm, steht man mit einem Bein im Münsterland, mit dem anderen in Ostwestfalen und, wenn man noch eins übrig hätte, im Sauerland. In Hattingen sind viele Häuser grau, ein untrügliches Zeichen für die fröhlich-farblose Schieferästhetik des Bergischen Landes. Südwestlich von Essen-Kettwig ist bereits Ratingen-Nord und damit fast schon Düsseldorf.

Überquert man den Rhein bei Duisburg in westlicher Richtung hinter Rheinhausen, ist man schon fast in Holland und muss Freunden immer was mitbringen. Meistens in Tüten. Nördlich von Duisburg ist man schnell in Wesel und damit am Niederrhein, obwohl mir bisher kein Mensch verklickern konnte, warum mit »Nieder…« immer der Norden und mit »Ober…« der Süden gemeint ist.

Hier noch mal die Kurzfassung. Oben und rechts: flach und grün. Südlich: hügelig und Schiefer. Links vom Pott wird's nass. Wir sind also mittenmang in allen denkbaren geographischen Wundern unserer Erde. Wir fahren ans Meer nach Holland und zum Skifahren ins Sauerland. Wenn wir es bergig haben wollen, fahren wir ins Bergische Land (das heißt ja auch schon so), und zum Fahrradfahren gab der liebe Gott uns das flache Münsterland, damit wir uns beim Treten nicht so sehr anstrengen müssen. Wir haben also das Beste von allem direkt vor der Tür. Warum also hier wegziehen?

Religion

Ob Sie's glauben oder nicht: Kirchen gibt es bei uns auch. Nicht nur Moscheen und multikulturelle Zentren, wo türkische Senioren in kahlen Räumen an Tischen sitzen und fernsehen. Das Ruhrgebiet ist hauptsächlich evangelisch, Richtung Rhein und Münsterland wird es katholischer und riecht nach Kuhmist und Weihrauch. Und natürlich sind einige Kirchen bei uns auch sehenswert, aber SO sehenswert, dass man deswegen gleich eine Wallfahrt veranstalten muss, nun auch wieder nicht. Vor allem tun Kirchen eins: mir auf den Sack gehen. Noch nicht mal wegen ihrer Veranstaltungen oder der durch sie vertriebenen Botschaften, nein, damit kann ich sogar leben, ein zünftiges Pfarrfest kann nach einigen Getränken durchaus etwas Schönes haben.

Nein, ich rede von dem, was man heutzutage gerne PR nennt. Oder anders: Glocken! GLOCKEN! Wer um alles in der Welt braucht heute noch Glocken, um daran erinnert zu werden, dass gleich Gottesdienst ist? Wir haben alle unsere Timer, Blackberrys und Handys, um uns an diese Termine zu erinnern. Manche haben sogar UHREN! Einige können selbst piepsen, wenn was Wichtiges ist. Aber nein, die Klerikalen müssen ja bimmeln, bis der Arzt, sorry, der Pfarrer kommt. Und das zu jeder Tages- und Nachtzeit. Als ungewollte Zeitansage. Einmal kurz vorher, damit es jeder mitkriegt, dass gleich was kommt. Dann zu jeder vollen Stunde volle Pulle, dann noch mal jede Viertelstunde, und dann noch mal von vorn. Staatlich tolerierte Ruhestörung rund um die Uhr! Ich möchte ehrlich mal wissen, wie viele Tinnitusopfer die bundesweit kirchliche Dauerbebimmelung schon gefordert hat.

Töne wurden bereits von der Inquisition als Foltermittel verwendet und auch heute noch wird im Krieg mit akustischen Mitteln gearbeitet. Da werden ganze besetzte Gebiete dauerbeschallt, um Menschen zu vertreiben.

Akustische Kriegsführung nennt man das. Das gibt es seit den Trompeten von Jericho. Aber ich sollte mich nicht aufregen. So schlimm ist das mit den Glocken im Pott sowieso nicht. Ich wollte das nur mal loswerden. Es gibt Städte, da ist das viel schlimmer. Bayern zum Beispiel. Das ist sogar ein ganzes Bundesland. Oder Köln! Da steht an jeder Ecke ein Dom. Da wird man schnell geläutert!

Im Sommer 2009 kam es zum Eklat über eine Zeile aus dem Schalker Vereinssong: »Mohammed war ein Prophet, der von Fußball nichts versteht!« Nach einigen Drohmails sahen einige Islamexperten schon die Taliban in Gelsenkirchen einmarschieren. War die Textstelle eine Verunglimpfung des Propheten, ähnlich der Mohammed-Karikaturen aus Dänemark? Musste das Lied umgedichtet werden, und wieso wurde erst zu diesem Zeitpunkt Kritik laut, Jahrzehnte nachdem der Song bei jedem Schalkespiel geschmettert wurde? Einhalt brachte der Kommentar von offizieller muslimischer Seite: Man solle Ruhe bewahren und die Moschee im Dorf lassen. Dieser Vorfall beweist also zwei Dinge: Muslime haben trotz aller Gerüchte DOCH Humor, und wenn man vor einer Gruppe mehr Angst haben sollte als vor erzürnten Islamisten, dann vor erzürnten Schalkern. Fußball bleibt eben doch die wichtigste Religion im Ruhrgebiet.

Ach so, vielleicht wollen Sie noch wissen, an was ICH glaube. Ganz einfach: Ich glaube an das, was ich sehe. Ich finde es übrigens sehr bezeichnend, dass man bei Religionsfragen immer vom Glauben spricht: Man glaubt also nur, man weiß es nicht. Deswegen ist wohl auch dieser Bayer Papst und nicht Jean Pütz.

Rock

In den achtziger Jahren hatte im Pott wahrscheinlich jede Stadt eine eigene Band, und manche hießen sogar genau wie der Ort, aus dem sie kamen. Besser kann man Lokalpatriotismus nicht promoten. Da gab's zum Beispiel Herne 3 aus (hätten Sie's erraten?) Herne 3. Deren einziger Hit war der Durchhaltegröler *Immer wieder aufstehn*. Herne 3 habe ich im Januar 1983 als Vorgruppe von Extrabreit in der Essener Grugahalle gesehen. Leider war die Halle noch nicht mal viertelvoll – ein untrügliches Zeichen dafür, dass die kommerziellen Zeiten der Neuen Deutschen Welle endgültig vorbei waren. Da half auch das wiederholte Aufstehn nichts.

Witten hatte Franz K., und aus Essen kam der Chef: Stefan Stoppok. Und für alle, die es noch nicht wussten: Aus Duisburg kam Gitarrenguru Peter Bursch, der Mann, der per Schallfolie Millionen Menschen das Klampfen beigebracht hat und bundesweit für meterdicke Hornhäute an den Fingern sorgte. Jawohl, die Fingerpickisierung der Republik ging von Duisburg aus. (Für alle Nicht-Rocker: Finger Picking ist eine gefürchtete Gitarrentechnik, bei der die Saiten mit allen Fingern der rechten Hand gezupft werden müssen. Bei diesem Kapitel des Lehrbuchs kapitulieren übrigens die meisten Schüler. Ich auch!)

Und was war noch mal in Bochum los? Lange bevor ein Herr Grönemeyer die Charts toppte, hatten wir schon unsere Lokalpatriotentruppe: die Sponticombo Geier Sturzflug. Mitte der achtziger Jahre, in den Zeiten der Ostermärsche und Friedensdemos, schufen sie wirtschafts- und umweltpolitische Funsongs wie *Bruttosozialprodukt* oder *Besuchen Sie Europa*. Legendär waren die Auftritte der Geier, bei denen der Sänger Friedel Geratsch die Zeile »und Mittwoch kommt die Müllabfuhr und holt den ganzen Plunder« live gesungen mit »... und holt sich einen runter!« variierte. Doch der Geier flog leider nicht lange. Heute hüpft Herr Geratsch im quietschbunten Anzug und zu Halbplayback unter dem Namen Geier Sturzflug auf den Bühnen von Schützenfesten und Baumarkteröffnungen herum. Sein Bandkollege, der Saxophonist Klaus Fiehe, ist dagegen heute ein angesehener Moderator und Musikexperte beim Sender 1LIVE. Manche können eben auch in Würde altern.

S

Schimanski

Seit der Industrialisierung bevölkern polnische Einwanderer das Ruhrgebiet. Nirgendwo in Deutschland trifft man auf mehr Kowalskis, Koleszas, Podolskis, Urbaniks, Wieczoreks, Schneppdrellecks und eben auch Schimanskis. Deswegen können die meisten von uns auch nicht über Polenwitze lachen. In Bochum habe ich elf Jahre in einem Haus über Horst Schimanski gewohnt.

Aber zurück zu meinem Haus. Als ich dort einzog, kam ein Bekannter von mir die Treppe runter.

»Wat machst DU denn hier?«, begrüßte ich ihn.

»Mein Onkel wohnt hier!«

»Wie heißt der denn?«

»Schimanski!«

»Aber nicht ›Horst‹!«

»Doch!«

So wohnte ich also die nächsten elf Jahre über der Familie Schimanski. Und immer wenn ich Besuch bekam, hieß es: »Haha, bei euch wohnt Horst Schimanski!«

Und: »Wo ist eigentlich Thanner?« Glauben Sie mir, nach dem zwölften Mal hört man auf zu lachen.

Das Problem war nur: Mein Horst Schimanski ähnelte eher Theo Lingen als Götz George. Er trug auch keine dieser in die Modegeschichte eingegangen Schimanski-Jacken. Er war auch kein ungehobeltes Raubein, und nur einmal habe ich beobachtet, wie er die Haustür nach kurzem Anlauf mit der Schulter einrannte und dabei rief: »Kripo Duisburg, keiner verlässt den Raum!«

Götz George hat, ohne auch nur die Spur Ruhrgebietmensch zu sein, bundes- und europaweit unser Image geprägt. Als er das erste Mal als Tatortkommissar auftrat, war der Aufschrei groß. Was war das denn für ein Proll? Vorher sahen öffentlich-rechtliche Ermittler immer so geleckt aus wie Hansjörg Felmy. Immer so, als wollten sie dich gleich zum Kaffee-und-Kuchen-Nachmittag der FDP-Ortsgruppe einladen. Dieser Kommissar Schimanski war ja ungewaschen und fluchte wie ein Kanalarbeiter. Und wie oft der »Scheiße« sagte. Und »Du Arsch!« Und was hatte der denn im Gesicht? Eine Rotzbremse!

Tja, nur die wirklich coolen Säue konnten es sich leisten, einen Schnurrbart zu tragen: Freddie Mercury, der Bikertyp von den Village People, Magnum (der Detektiv, nicht das Eis) und Heinz Rudolf Kunze ... Na gut, Kunze ist nicht wirklich der Inbegriff von cool, aber der Schnauzer reißt es raus. Und natürlich unser Horst. Was haben wir ihn geliebt. Tun wir übrigens immer noch. Und ich meine jetzt auch nicht etwa Götz George, das ist nur der Berliner Schauspieler, der ihn darstellen durfte. Ich rede von Horst als Lebenseinstellung, dem kollektiven Schimanski. Das ist nämlich gar keine erfundene

Figur, den gibt es wirklich. Den Horst in uns allen. Und er schlummert auch in Ihnen, Sie müssen ihn nur ab und zu mal wecken. Das ist dieser Kerl, der immer die Wahrheit sagt, auch wenn er nicht gefragt wurde, der keinen Respekt vor Autoritäten hat und schon mal aufs Maul bekommt, wenn er es zu weit aufmacht. Derjenige, der zupackt und sich für seine Kumpels in die Schusslinie wirft und, wenn es was zum Feiern gibt, als Letzter aus der Kneipe getragen werden muss. Also: Weck den Horst in dir. Du Arsch!

Schlager

Was hat sich Grönemeyer damals nur gedacht, als er *Bochum* besungen hat? Bestimmt nicht, dass er damit eine nicht enden wollende Welle von furchtbar ärgerlichen Ruhrpott-Verherrlichungs-Songs lostreten würde wie *Sommerzeit in Wattenscheid*, *Hier bei uns im schönen Ruhrgebiet*, *Im Frühstau zu Herne* und am schlimmsten: *In Gelsenkirchen wär datt nie passiert.*

Die Anzahl der Techno-Kirmes-Schlager-Strategen, die jede noch so fiese Ecke des Potts schönsingen, nimmt kein Ende. Sehen Sie sich mal das Nachtprogramm des Bürgerfunksenders CenterTV an: Da dudeln pausenlos diese Schunkelschlager, während eine Kamera aus einem fahrenden Auto verwackelte Bilder unserer Vororte zeigt. Hier wird das Image des Ruhrpotts wieder auf die sechziger Jahre zurückgeschraubt. Dann schon lieber Testbild.

Dabei war ich früher ja mal ein richtiger Schlagerfan.

Als Kind. Da hab ich im Supermarkt immer laut *Die schwarze Barbara* von Heino geträllert. Haben mir zumindest meine Eltern später erzählt. Außerdem gebe ich zu, dass ich ein bisschen in Andrea Jürgens verliebt war. Die war nur ein Jahr älter als ich und sang 1977 bei Rudi Carells Silvestersendung ihren Ehescheidungssong *Und dabei liebe ich euch beide*. Trösten wollte ich es, dieses traurige Mädchen mit den langen Haaren aus Wanne-Eickel. Dass sich aus diesen Anfängen irgendwann mal das schreckliche Genre Ruhrgebietsschlager entwickeln sollte, war damals noch nicht abzusehen. Und als ob uns unsere einheimischen Schlagerfuzzis wie Olaf Henning oder Michael Wendler nicht genug auf den Sack gehen würden, müssen sich auch noch andere bei uns einschleimen. So behauptet Wolfgang Petry doch tatsächlich: »Das Ruhrgebiet bin ich!« Nein, mein Freund, du bist ein freundschaftsfransentragender Mehrzweckhallenanimateur im Holzfällerhemd aus dem Rheinland und hast mit dem Ruhrgebiet so viel zu tun wie Ottfried Fischer mit Helgoland!

Schrebergarten

Also, richtig wird das ja Schrebba-gahtn ausgesprochen. Sonst unterscheiden sich unsere Kleingartenanlagen allerdings auch nicht viel von denen im Rest der Republik. Wir haben im Ruhrgebiet die ganze Palette von total spießig bis ganz knuffig. Erfunden wurden diese Anlagen zwar nicht im Ruhrgebiet, aber nirgendwo sonst blühen sie bis heute so schön und nachhaltig. Das merkt man auch an den Namen: Blüh auf Bergbau, Düppe in der Wanne oder auch Friedlicher Nachbar.

Ich muss mal ganz unrevolutionär zugeben, dass ich die Stunden, die ich in den Kleingartenkolonien anderer Leute verbringen durfte, immer sehr genossen habe. Gut, meistens war ich hackendicht, weil die elterlichen Betreiber im Urlaub oder sonst wo waren und die Brut (also meine Freunde) den Schlüssel zur Laube hatte. Irgendwie gehört es auch zum Erwachsenwerden dazu, dass man irgendwann einmal göbelnd über einem Zaun hängt und das Beet des Nachbarn mit seinem noch nicht ganz verdauten Mageninhalt düngt. Problematisch wird's allerdings, wenn der Gartenbetreiber ein kleines Tümpelchen mit japanischen Zierfischen hat. Wenn man da sturzbesoffen reinfällt, hat das nicht nur für einen selber feuchte Konsequenzen, auch der eine oder andere Teichbewohner hat bei einer solchen Aktion schon sein nasses Grab gefunden. Hab ich alles schon erlebt.

Ein Laubenabend wird mir immer in Erinnerung bleiben: Es muss im Sommer 1987 gewesen sein, in einer Schrebergartenkolonie in Dortmund. Im Hinterzimmer des Vereinshauses der Kleingärtner fand ein Punkkonzert mit mehreren Bands statt. Um in den »Konzertraum« zu gelangen, musste man sich durch die schmale Kneipe quetschen, an den älteren Herren vorbei, die an der Theke dort offenbar die meiste Zeit ihrer Rente verbrachten. Eigentlich sollte man meinen, dass rebellische Rockmusik und organisierte Vereinsmeierei mit botanischem Hintergrund sich gesellschaftlich und stilistisch nicht vereinbaren lassen. Aber der gemeinsame Alkoholgenuss überbrückte alle Differenzen zwischen den Kulturen. Die

Oppas ließen uns sogar nicht vorbei, ohne uns Bier und Korn in die Hand zu drücken. Mehr als zwanzig Jahre später weiß ich: Die haben uns damals gezielt besoffen gemacht, um sich über unsere schwindende Motorik lustig zu machen. Im Nachhinein sei ihnen der Spaß gegönnt. Aber nicht nur deshalb erinnere ich mich so bildlich an den Abend. Ich war damals als Roadie der befreundeten Trashmetal-Band Inhuman Conditions vor Ort. Die Headliner des Abends kamen allerdings aus England: eine damals völlig unbekannte Grindcore-Band namens Napalm Death.

Kurz nach ihrem Schrebergarten-Auftritt in Dortmund gelang Napalm Death der internationale Durchbruch, und heute füllt die Band riesige Hallen. Ob der Band der Auftritt bei den Dortmunder Oppas damals als Sprungbrett gedient hat, kann ich von meiner Warte aus nicht beurteilen. Geschadet hat es ihnen offenbar nicht. Wann immer ich heute an einer Schrebergartenkolonie vorbeikomme, denke ich: »Da haben Napalm Death auch schon gespielt.«

Sex

Im Frühling 2009 wurde mir mal wieder bewusst, was für seltsame Blüten das Erotikgewerbe in unserer Gegend treibt. Dazu muss ich etwas ausholen.

Wenn man an die Begriffe Sexualität und Ruhrgebiet denkt, fallen den meisten direkt die Filme der Reihe *Lass jucken, Kumpel* ein, in der geschlechtsgetriebene Bergmänner über willige Damen herfallen. Man muss keinen dieser Filme gesehen haben, die Untertitel der einzelnen Episoden zeigen eindeutig, worum es geht: *Das Bullenkloster, Maloche, Bier und Bett.* Dann ganz gewagt: *Zwei Kumpel auf der Alm – Liebesgrüße aus der Lederhose, Der Kumpel lässt das Jucken nicht* und der Gott sei Dank letzte Teil *Lass laufen, Kumpel.* Wahrscheinlich fiel den Produzenten zuletzt dann doch auf, dass Jucken eine unschöne Assoziation mit Geschlechtskrankheiten weckt. (»Lass jucken« bedeutet bei uns nämlich so viel wie: »Komm mal in die Gänge!«, »Jetzt aber hurtig!«)

Seither stellt sich eine ganze Generation unter dem Sexualleben der Ruhrpottbewohner unhygienische Praktiken gepaart mit dämlichen Wortspielen vor. Zu unserer Rechtfertigung sei hiermit ein für alle Mal gesagt: Wir pflanzen uns ganz normal fort und müssen dafür nicht in den Schacht und uns vorher mit Kohle einreiben.

Wer jemals in Hamburg auf der Reeperbahn war, der weiß, wie eine Meile aussieht. Ich meine jetzt nicht die Längeneinheit, sondern den Ort, wo man von Damen in Daunenjacken angesprochen wird, die scheinbar nichts zu tun haben. »Hasse ma Zeit?«, wird man dort oft im Vorbeigehen gefragt. Natürlich hab ich Zeit. Aber ich bin ja auch nicht doof – und außerdem verheiratet. Glauben Sie mir, Zeit ist das letzte, was die von Ihnen wollen.

Die Mädels sind allerdings schon ziemlich clever, Professionelle halt. Einmal rief mir eine in der Davidstraße hinterher: »Hey, du bist doch dieser kleine Komiker!« Man muss ja nett sein zu seinen Fans, solang man noch welche hat, also erwiderte ich: »Ja, das bin ich!« – »Haste mal ein Autogramm?« Natürlich konnte ich diese Bitte nicht abschlagen und gab der freundlichen Dame eine

Unterschrift. Und dann fragte sie mich: »Haste denn auch ein bisschen Zeit?« Ich bitte Sie, was sollte ich denn da machen? Also hab ich ihr den *Wachturm* eben abgekauft.

So was kann einem in Bochum nicht passieren. Zumindest nicht auf offener Straße. Öfter aber geschieht es, dass zu später Stunde ein Auto neben einem hält und der Beifahrer durch das geöffnete Fenster fragt: »Wo geht's hier zum Eierberg?« Sie haben richtig gelesen, der Rotlichtbezirk in Bochum trägt den Namen Eierberg. Wir können eigentlich froh sein, dass er nicht Sackhügel heißt oder Dödelhalde oder Monte Schwanzo. Als Bochumer hat man sich an diesen vielsagenden Namen einfach gewöhnt. Der Eierberg (auch Gurke genannt) liegt übrigens touristisch zentral zwischen Rathaus und Jahrhunderthalle. Und industriekulturell korrekt heißt die Straße dort amtlich Gussstahlstraße. Herrlich!

Für Sextouristen bietet sich besonders eine Kneipe in der Bochumer Innenstadt an, deren richtigen Namen ich jetzt aus Pietät- und rechtlichen Gründen nicht nennen möchte. Dort trifft man vor allem ältere Herrschaften der beischlafwilligen Art. Wer dorthin möchte, fragt einfach in der Nähe des Hauptbahnhofs nach dem Zombiekeller. Den kennt jeder.

Und jetzt komme ich endlich zu dem Etablissement, das mir im Frühjahr 2009 einen Lachanfall beschert hat. Es gibt am Südring einen Stripclub, der früher passenderweise Paprika am Ring hieß. Hhhm, Paprika – scharfes Gemüse, da kann man sich was drunter vorstellen. An gleicher Stelle hat nun aber ein neuer Club aufgemacht. Und der nennt sich ... Golden Girls! Noch mal?

Da freut sich der Seniorenstift.

GOLDEN GIRLS! Also entweder kennt der Betreiber die gleichnamige amerikanische Sitcom nicht, oder dort wippen tatsächlich halbnackte Omas mit ihren künstlichen Hüftgelenken um ihre Rollatoren herum und lassen dabei die Stützstrümpfe fliegen. Ich weiß es aber nicht, denn ich war noch nie drin. Ehrlich. Da kommt man nämlich nur mit Seniorenpass rein!

Spitznamen

Ich gebe hiermit zu: Ich habe mal meinen Namen geändert. Ich bin aufgrund meines eher übersichtlichen Körperwuchses oft gehänselt worden. Meistens mit Gartenzwerg oder Pimpf. Wenn ich darüber nachdenke, eigentlich sogar nur mit diesen beiden Begriffen, auf einfallsreichere Formulierungen sind meine Spötter aufgrund verminderter Sauerstoffzufuhr zum Gehirn wohl nicht gekommen. Mir wäre da mindestens noch Pygmäe, Hobbit oder vertikal Herausgeforderter eingefallen. Wohlmeinende Mitmenschen haben mich in der Schulzeit gerne verniedlicht Hansi gerufen, womit man auch keinen Blumentopf gewinnen konnte. Zumindest nicht bei den Mädchen. Obwohl ich von denen auch was ganz anderes wollte als Blumentöpfe. Deshalb habe ich mich selber in der Pubertät in Hennes umgetauft. Da ich keiner Konfession angehöre, hat sich auch kein Pfaffe beschwert.

Damals gaben wir uns alle irgendwelche komischen Namen. Niemand hieß so, wie es in der Geburtsurkunde stand. Aus Ralf wurde Ralle, aus Markus Matze und aus Christian Krille. Für andere Vornamensänderungen brauchte man mehr Erfindungsreichtum: Ein Freund von mir hieß eigentlich Carsten, aber weil er mit dem Edding »Motörhead« auf seine Bundeswehrtasche gemalt hatte, wurde er Lemmy genannt, nach der singenden Metal-Warze Lemmy Kilmister. Bei uns Jungs im Ruhrgebiet war Hard Rock damals sowieso sehr in Mode. Andere Kumpels hießen Speed-Metal-Tom, Moshing-Markus oder Headbanger-Stefan. Ich erfand für mich den Namen Heavy-Hennes, was mir zwar nicht zu männlicher Härte verhalf, aber immerhin war ich diesen dämlichen Hansi-Namen los. Irgendwann wurde ich der Einfachheit halber nur noch Hennes gerufen. Und dabei ist es dann geblieben. Hansi dürfen mich nur Menschen nennen, die mit mir auf der Grundschule waren. Alle anderen kriegen aufs Maul!

Ich hätte es aber auch schlimmer treffen können. Kleine Menschen werden ja auch gerne mal Shorty gerufen. Auch höchst originell! Das größentechnische Pendant wäre dann »Langen«, wohlgemerkt nicht etwa »der Lange«, sondern Langen wie in: »Eh, Langen, wo gehse?« Oder: »Wo is 'n der Shorty?«

»Beim Langen!«

Mein Vater benutzte oft den Ausdruck: Der geht zum Lachen in den Keller! So richtig verstanden hab ich diese Anspielung auf humorlose Zeitgenossen als Kind allerdings nicht. Ich hab mir damals immer vorgestellt, bei uns im Keller wohnt ein Mann, der mit Nachnamen Lachen heißt. Wenn ich mein Fahrrad aus dem Keller holte, hatte ich immer Angst, dass da auf einmal ein breit grinsender Mann vor mir steht und zu mir sagt: »Na, kleiner Hansi, ich bin der Herr Lachen!«

Genauso hab ich mir auch andere Figuren aus Redensarten vorgestellt. Zum Beispiel Bolle aus »Er freut sich wie Bolle!« Ich dachte, das wäre ein Mensch, der eben eine Frohnatur ist und sich ständig freut, egal was los ist. So leicht naturstoned. Heute weiß ich, dass Bolle ein Berliner Kaufmann war, der mit seinem fahrenden Milchwagen ein ganzes Unternehmen, nämlich die Einkaufskette Bolle gegründet hat. Aber als Kind dachte ich, Bolle wohnt bei uns irgendwo in der Nachbarschaft.

Im gleichen Haus wie Bolle wohnte auch Scholli. Der war immer unheimlich freundlich, also ein lieber Scholli. Vielleicht hat der immer den Müll vom alten Schweden mit runtergenommen, der selbstverständlich im gleichen Haus lebte. Währenddessen passte Bolle bestimmt auf Schmidts Katze auf, weil Herr Schmidt im Urlaub war.

Oder er ging spazieren mit Nachbars Lumpi, dem reinrassigen Spitz. Im Parterre wohnten die Hempels, und der Hausmeister hieß Herr Kokoschinski – auch ein Lieber, genau wie der sehr musikalische Herr Gesangsverein. Der Vermieter kam übrigens immer selbst vorbei, um die Miete abzuholen, und hieß passenderweise Zahlemann. Er kam jedoch nie allein, sondern brachte immer gleich seine Söhne mit. Tja, und im Keller wohnte der Herr Lachen. So war das damals bei uns im Viertel. Zumindest habe ich mir das damals so vorgestellt.

Soziokultur

Bei uns im Pott gibt es neben der vielbeworbenen Industriekultur auch noch andere kulturelle Auswüchse: Es gibt die Hochkultur mit Schlips und Prosecco, es gibt die Subkultur mit Lederjacke und Export-Bier, es gibt die Leitkultur, und es gibt die Soziokultur, ein Geflecht aus Veranstaltungszentren, das sich der alternativen Kunst und ihren Nebenwirkungen verschrieben hat. Und es gibt Kulturbeutel. Aber das ist ein anderes Thema.

Als ich Anfang der neunziger Jahre in den Theater- und Kleinkunstzirkus des Ruhrgebiets eintauchte, kam man an den bunten Biotopen der Soziokultur gar nicht vorbei, selbst wenn man es wollte. Die ironisch betitelte Kulturmafia sorgte immer wieder für frische Luft im eingestaubten Stadtleben und trat den eingefahrenen bürgerlichen Unterhaltungsstrukturen gehörig in den subventionierten Arsch. Punkkonzerte in der Zeche Carl in Essen, experimentelles Theater im Thealozzi in Bochum,

Kabarett im Bahnhof Langendreer – überall wurde getanzt, gerockt, gelacht und diskutiert. Und einmal im Monat traf sich die ganze Kleinkunstmischpoke um Mitternacht im Kulturladen in Wattenscheid zur legendären *Kalle-Show*, der Ruhrpottantwort auf die *Schmidt-Show* auf der Hamburger Reeperbahn. Und immer alles schön links – Hauptsache, alternativ und unkommerziell. Natürlich wurde auch städtisch gefördert, nur vom Feiern kann man ja schließlich auch keinen Strom bezahlen, und sei er noch so öko.

Dieser Szene ist zu verdanken, dass Leute wie Helge Schneider, die Missfits, Herbert Knebel und irgendwann auch ich überhaupt mal vor Leuten auftreten durften. Zwanzig Jahre später ist von der wilden Zeit nicht mehr viel geblieben, die einzelnen Spielstätten gibt es teilweise immer noch, nur ist irgendwann mal der übergreifende Zusammenhalt flöten gegangen. Früher war man zusammen gegen den Kommerz und für die Kultur. Heute kann beides nicht mehr ohneeinander existieren. Diese Entwicklung zeichnete sich spätestens Mitte der neunziger Jahre ab, als man versuchte, einige gemeinsame Groß-Events zu organisieren, und die Szene sich heillos zerstritt. In Bochum war die Gründung des Prinz-Regent-Theaters der Gau für die ansässige freie Theaterszene. Ursprünglich war das Haus als gemeinsamer Spielort mehrerer Theatergruppen gedacht. Aber so wie mit den Köchen und dem Brei ist es im Theater eben auch. Und wie bei Darwin hat am Ende der Angepassteste gewonnen, und die anderen Gruppen haben das kulturevolutionäre Zeitliche gesegnet. Wie praktisch für die Stadt, hat sie doch nun ein wunderbar subventioniertes

Alibi-Off-Theater, auf das man immer wieder hinweisen kann, wenn man gefragt wird, wie es um die freie Kultur steht.

Auch in anderen Städten ging es ideologisch wie auch kommerziell bergab. So musste zuletzt die renommierte Zeche Carl in Essen Insolvenz anmelden und die Leitung einer Eventagentur überlassen, die als Erstes die erfolgreichsten Veranstaltungen vom Spielplan strich, nämlich die Schwulen-Disco und die diversen Metal- und Punkkonzerte. Und so ist es nun ausgeträumt, das schöne Märchen der kommunalen Kulturkommune.

Oder wie der große Matthias Belz so schön sagte: »Partisan und Parmesan, wo sind sie geblieben? Partisan und Parmesan, alles wird zerrieben!«

Sprachperle:

Wo gehse?

Der Ruhrpottler verkürzt gerne seine Wörter. Und manchmal auch ganze Sätze.

»Wo gehse?«

»Hause.«

»Gruß.«

»Auch!«

Da ist alles gesagt! Ursprünglich stammt diese Art der Sprechform aus der Arbeitswelt der Bergleute unter Tage. Im Flöz hat man eben nicht viel Zeit zum Ausformulieren, wenn der Schacht einzubrechen droht. Heute spricht man bei uns immer noch so, auch wenn fast jede Zeche im Pott stillgelegt ist und man eigentlich Zeit und Muße hätte, in ganzen Sätzen zu sprechen. Das geschieht jedoch nicht aus Gründen der Sprachpflege und des regionalen Dialekterhalts, sondern meines Erachtens einfach aus reiner Faulheit. Es ist eine unbequeme Wahrheit, aber wenn ich hier schon den Al Gore geben muss, dann richtig: Wir sind faul. Und zwar nicht etwa maulfaul, denn gelabert wird bei uns im Quadrat und am Stück und ohne Punkt und Komma. Sie wissen jetzt wat ich meine brauch ich nix mehr zu sagen alles klar, 'ne? Wir sind formulierungsfaul, oder positiver ausgedrückt: Wir gehen effizient mit unseren Informationen um. Warum viele Worte verlieren, wenn man mit wenigen doch viel mehr sagen kann.

Dieses linguistische Phänomen ist bei uns auf evolutionäre Weise über die Jahre ganz natürlich entstanden. Wenn man sich im Pott verabschiedet, sagt man nicht selten: »Ich bin weg!«, und bleibt dann noch minutenlang auf der gleichen Stelle stehen. Klingt doch viel besser als: »Ich habe vor, dieses Lokal demnächst zu verlassen und kündige meine Entscheidung hiermit schon mal verbal an!« Man kann das Ganze auch gestisch unterstreichen, indem man rhythmisch auf den Kneipen- oder Küchentisch klopft und dazu laut sagt: »Ich mach mal SO!« Vielleicht stammt diese perkussive Verabschiedung aus der Studentenszene, wo am Ende des Seminars kollektiv auf die Pulte gepocht wird. Oder es kommt von dem alten afrikanischen Ritual, dass Kriegern, bevor sie auf die Jagd gehen, von ihren Stammesgenossen Mut zugeklopft wird. Wer weiß? Ich nicht!

WAS ich weiß, ist, wie fies ich dagegen den forcierten Umformulierungswahn mancher Zeitgenossen finde, die keinen normalen Satz mehr sagen können, ohne ein lustiges Stilblümchen einzuflechten – so wie das von mir gehasste »alles klärchen«. Brechreizerregend ist auch das verbreitete »zum Bleistift« oder das völlig unfruchtige »an und Pfirsich«. »Stück mal 'n rück« gehört auch verboten, aber am schlimmsten finde ich folgende Spracherschöpfung. Man kennt das: Der Besuch steht in der Tür, zieht sich die Jacke aus und stellt die unvermeidlichste aller blöden Fragen: »Wo kann ich mich denn hier mal aufhängen?«
Dazu mein ernstgemeinter Antwortvorschlag: »Oben auf dem Dachboden ist noch ein Balken frei, da kannste dich gerne aufhängen!« Richtige Verbalkonter-Profis haben für diesen Fall immer einen vorgeknüpften Strick in greifbarer Nähe.
Überhaupt: Gäste! Die gehen manchmal einfach nicht weg. Besonders schlimm sind Pärchenabende. Die enden ja irgendwie immer in der Küche. Diese gesellschaftliche Konvention gilt offenbar weltweit – egal, wie winzig die Küche ist. Doch dann ist der Abend noch lange nicht vorbei, von wegen: »Gute Nacht, Freunde!« Denn anstatt ihre Plörren zu nehmen und sich zu verpissen, stehen die Besucher bei offener Wohnungstür dann im Hausflur und hören nicht auf zu labern. Und man selber steht auf der Schwelle (oft schon im Schlafanzug) und hört sich die völlig irrelevanten Details an, die einen schon vier Stunden zuvor nicht interessiert haben. »Bla, bla, bla ... und lass uns das demnächst mal bei uns machen ... bla, bla, bla!«

Zwischendurch geht immer das automatische Licht im Treppenhaus aus: KLACK! Was die Gastpest aber auch nicht dazu bewegt, endlich die Kurve zu kriegen. Schalter gedrückt, Licht wieder an: »Bla, bla, bla ... Hasse nicht gesehen ... bla, bla, bla!« KLACK! Licht wieder an: »Bla, bla, bla ...« KLACK! Und so weiter ...

Mein Tipp: Wenn das dritte Mal das Licht im Flur wieder ausgeht, machen Sie einfach die Tür zu. So simpel wie effektiv. Und wenn Ihre Gäste sich am nächsten Tag bei Ihnen über das abrupte Ende des gemeinsamen Abends beschweren, können Sie immer noch sagen: »Wieso? Wir haben gedacht, ihr seid weg! Wir haben euch nämlich nicht mehr gesehen!«

Supermarkt

Wir Ruhris identifizieren uns mit unseren Supermärkten. Anfang der neunziger Jahre wurde aus Divi in Bochum-Langendreer Real. In dieser Zeit saß ich in feucht-fröhlicher Runde mit einigen Freunden aus Langendreer zusammen. Später am Abend, als der Alkoholpegel sich schon im gesundheitsbedrohlichen Bereich befand, skandierten diese Jungs zur Melodie von Yellow Submarine: »Wir wollen unseren Divi wiederhaben, Divi wiederhaben, Divi wiederhaben!« Und aus dem HILL-Supermarkt am Engelbertbrunnen wurde irgendwann mal HL (und dann Rewe). Wahrscheinlich hatten sie kein Geld mehr für Vokale. Man ist halt doch traurig, wenn ein vertrauter Laden verschwindet. Immerhin habe ich mich damit abgefunden, dass aus Raider Twix wurde.

Einige Kaufhausnamen kapiere ich übrigens nicht. Im Rhein-Main-Gebiet gab es früher die Kette Massa. Wenn man sagte: »Ich geh zum Massa«, dann klang das damals schon politisch nicht korrekt nach Sklavenhaltung. Massa heißt heute Real. Noch so ein Name, den ich nicht begreife. Wieso heißt ein Supermarkt Real? Hat irgendjemand bezweifelt, dass die Produkte dort echt sind?

»Ich war gestern beim Real, da gibt es reale Produkte!«

»Schön für dich, ich war bei Fata Morgana! Bei mir sind alle Sachen verschwunden, als ich zu Hause war!«

»Tja, wärste mal zu Real gegangen, da ist alles echt!«

Aber wenn es ein Kaufhaus gibt, dessen Name zu unserem Anhäufungskonsum passt, dann ist das immer noch HORTEN!

Die Namen der Supermärkte im Pott mögen sich ändern, aber die Kommunikation der Angestellten untereinander bleibt immer gleich. Das ist übrigens eine Welt für sich. Da hört man dann so Sachen wie: »Frau Kaschmelka, kannst du mir mal bei die Milch helfen?« – »Herr Paselawski, wo hast du dat Schloss für die Zigaretten verbunkert?« Was sind das für Anreden? Suzen, diezen? Vermutlich ist das Vorschrift in diesen Läden: »Also, Herr Bender, wenn du bei uns arbeiten willst, dann müssen Sie sich an das Du gewöhnen.« Ich würde da nach wenigen Tage bekloppt werden. Also, entweder sind das meine Kollegen, dann heißen die Christa, Klaus, Peter oder wat weiß ich, und alle per du. Oder ich kann die eben auf den Tod nich ab. Dann bin ich mit denen eben per Sie, und es sind Herr Müller, Herr Schulze und Frau Wieselowski.

Aber was wird stattdessen laut durch die Regale gebrüllt: »Frau Krawattnick, du muss ma nache Lätta gucken, die is am Ende!« Bitte, das geht doch gar nicht.

Was kommt als Nächstes? Gesungene Sonderangebotsdurchsagen, bauchfreie Trägertops für die Kassiererinnen oder vielleicht Zwölf-Zentimeter-Fingernägel an der Wursttheke? Vielleicht ist es aber auch gut so, denn dann weiß ich nämlich, wo ich bin: zu Hause im Pott!

Selbst erlebt:
Neulich im Supermarkt: Ein Mann hält einem Verkäufer ein Gurkenglas vor die Nase und fragt laut: »Wie teuer kost das?«

Stadtmarketing

Seitdem Essen zur europäischen Kulturhauptstadt 2010 gekürt wurde, stehen bei einigen Machern alle Zeichen auf Kohle – und ich meine jetzt nicht das schwarze Gold! Einige Stadtväter verfielen nahezu in Panik, weil sie sich um das Image ihrer plötzlich im europäischen Rampenlicht stehenden Stadt Sorgen machten. Nur, was tun? Etwa die anstehenden Subventionen in städtebauliche Maßnahmen stecken und die Fußgängerzonen verschlimmbessern, sorry: verschönern!? Nein, ist ja viel einfacher, wenn man der Welt mit Logos und neuen Slogans erklärt, dass ausgerechnet mein Kaff im ganzen

Ruhrgebiet am bereisenswertesten ist. Funktioniert ja auch woanders:

»HAMBURG – das Tor zur Welt!« Oder auch: »MÜNCHEN – Weltstadt mit Herz!« Das hat Klang, das hat Melodie, das wollen wir auch. Allerdings hörte sich das bei uns ein bisschen anders an. So stand eine Zeitlang in der Gelsenkirchener Innenstadt ein Schild mit der Aufschrift: GELSENKIRCHEN – Stadt ohne Gewalt.

Vielleicht hatte auch jemand Gewalt mit Gehalt verwechselt.

Woanders ist es auch nicht besser:

HATTINGEN hat's – nur WAS es hat, kann einem vor Ort auch keiner sagen.

MARL – alles ist drin! Das klingt schwer nach Umzugsunternehmen.

Am bekanntesten wurde bei uns in den letzten Jahren jedoch der Spruch: BOCHUM macht jung.

Für diesen Brüller hat die Stadt sage und schreibe 500 000 Euro ausgegeben. Das Geld bekam interessanterweise nicht etwa eine Bochumer Werbeagentur (das wäre doch wohl zu naheliegend gewesen!), sondern eine Firma aus Essen. In meiner Vorstellung wälzen sich deren Mitarbeiter noch heute lachend auf dem Boden. Man muss sich das mal reinziehen: Da bekommt jemand für einen Spruch eine halbe Mille, besser gesagt: für zwei Wörter. Dass Bochum in dem Slogan vorkommt, war glaub ich, in der Vorgabe einkalkuliert und zählt nicht mit. Blieben nur noch »macht« und »jung«. Rein rechnerisch sind das 250 000 Euro pro Wort – da muss 'ne alte Frau lange Strickkurse besuchen für. Ist mir schon klar, dass man Kreativität nicht mit dem Rechenschieber messen kann. Aber der eigentliche Hammer ist ja auch die inhaltliche Unterstellung: Eine Stadt hält den natürlichen Alterungsprozess nicht nur auf, sondern macht ihn auch noch rückgängig! Wie um alles in der Welt soll das denn bitte gehen? Rein biologisch und evolutionstechnisch ein Mirakel, das an biblische Wunder oder zumindest an die Alchemie und den Gralsmythos heranreicht. Bochumer genießen das ewige Leben, oder wat? WOLLT IHR UNS VERARSCHEN? Gekrönt wurde diese werbetechnische Frechheit von einem Logo, das man gesehen haben muss, um es wirklich zu glauben:

Na, sagt einem das Phänomen Prilblume noch irgendwas? Da fiel vielen in Bochum nichts mehr zu ein. Mir schon. Wie wäre es denn, wenn dieses Prinzip weitergeführt würde:

DUISBURG macht nass!
DORTMUND macht Durst!
ESSEN macht satt!

Oder wie wäre es mit:
WITTEN ist Macht!?
Oder vielleicht etwas gewagter:
GLADBECK – lassen Sie sich entführen!

War ja nur so 'ne Idee. Muss man ja nicht gleich 'ne Kampagne draus machen!

T

Tiere

Ich unterstütze seit einiger Zeit das Tierheim in Essen. Das sag ich jetzt nicht, um mich mit meiner Wohltätigkeit zu brüsten, sondern weil ich dort Folgendes erfahren habe: Bei einer Anfrage nach Unterstützung im Kulturhauptstadtjahr 2010 erhielt die Tierheimleitung folgende Antwort des zuständigen Komitees: Tiere haben mit der Kulturhauptstadt nichts zu tun! Was für ein Blödsinn.

Das Ruhrgebiet wird nicht nur von Humanoiden, sondern auch von seinen Viechern geprägt. Wo wären wir zum Beispiel ohne unsere geliebten Brauereipferde? Wir hätten das Bier selber schleppen müssen! Oder was ist mit den Kanarienvögeln, die damals unter Tage eingesetzt wurden, um zu erkunden, ob genug Sauerstoff in den Schächten war. Sind die alle umsonst erstickt? Waren das nicht auch kleine, gefiederte Kumpel? Gebührt nicht auch diesen Lebewesen Respekt? Und wo wir gerade bei Vögeln sind: WAS wären wir im Ruhrgebiet ohne unsere Tauben? Gut, wir hätten sauberere Innenstädte und unsere Autos müssten nicht so oft in die Waschanlage.

Aber ich meine natürlich die Brieftaube und ihren menschlichen Chef, den Taubenvatter, der sein Treiben nicht in erster Linie als Zucht begreift, sondern als Sport.

Anderswo werden Tauben als fliegendes Ungeziefer ausgerottet und als Ratten der Lüfte beschimpft. Bei uns werden sie sogar gezüchtet und gepflegt. Es gibt im Süden von Essen sogar eine eigene Taubenklinik, ein Krankenhaus nur für Flattermänner.

Der Ruhri ist einer der tierliebsten Menschen, die es gibt. Er sorgt sich um seine Katzen und sammelt brav die Häufchen seiner Hunde von den Gehwegen auf. Aber auch exotische Haustiere gibt es bei uns. In Bochum hielt sich eine Familie über 30 Jahre lang einen in der Emscher erangelten Aal namens Aalfred, der sich in der heimischen Badewanne aalte. Ich selber hatte jahrelang eine Silberfischzucht. Der Duisburger Zoo ist berühmt für seine Delphine. Dortmund ist weltweit Nummer eins in der Haltung von Ameisenbären. Der Entertainer Götz Alsmann ist dort Pate für einen Schabrackentapir (kein Witz).

Gelsenkirchen hat den schönsten Zoo Deutschlands. Gut, der Name Zoom-Erlebniswelt hört sich ziemlich bescheuert an. Aber hier kann man nichtheimische Tiere im künstlich angelegten Afrika oder Alaska besuchen. Das Tolle beim Zoom ist, dass die Tiere viel Platz haben und man sich als Mensch eher als Besucher und nicht als Gefängniswärter fühlt. Da geh ich dann gerne mal gucken. Tiere sind ja auch nur Menschen.

Theater

Worauf ich im Ruhrgebiet wirklich stolz bin, ist unsere Theaterlandschaft. Die kann sich nämlich weltweit messen, mit London, New York und mit Berlin sowieso. Egal ob Ruhrfestspiele, Triennale oder kleine Festivals – wir haben einfach die schönsten Spielorte. Die verlassenen Maschinenhallen und Zechen bei uns sind einfach ideal für ungewöhnliche Inszenierungen. Das wusste schon Regisseur Peter Zadek, als er in den siebziger Jahren seinen *Hamlet* in einer leerstehenden Halle in Bochum-Hamme auf die Bühne brachte. Theater unters Volk bringen, das kann man nirgendwo so schön wie bei uns. Wir brezeln uns übrigens auch nicht auf, wenn wir ins Theater gehen. Woanders mag man sich vorher toupieren und einparfümieren, bei uns sitzt der Student in Jeans und T-Shirt neben dem anzugtragenden Kulturbeflissenen. Keine Berührungsängste.

Und nicht nur die staatlichen Häuser sind gut besucht. Roberto Ciulli in Mülheim zeigt zum Beispiel mit seinem Theater an der Ruhr seit Jahren, das sich innovatives Schauspiel und gute Unterhaltung nicht ausschließen müssen. Und auch das Volkstheater ist dank der Stücke von Sigi Domke eine Erfolgsgeschichte im Ruhrgebiet geworden.

Ich liebe unsere Theater. Vor allem das Schauspielhaus in Bochum. Denn genau genommen habe ich hier mein Bühnendebüt gegeben, im Jahr 1990 als Hamlet. Warum sollte ich mich auch bescheiden geben und mir für meine erste Rolle etwas Leichteres aussuchen als den Prinzen von Dänemark. Tatsächlich handelte es sich dabei um eine Aufführung des Jugendclubs des Schauspielhauses Bochum, die zwar nur im oberen Foyer, aber immerhin IM Schauspielhaus stattfand. Vorausgegangen war ein einwöchiger Workshop, in dem der irische Regisseur Stephen Hutton mit zwanzig jungen Menschen die Kurzform des shakespeareschen Dramas einübte. Mit mir in der Hauptrolle. Ich durfte mich an Ophelia ranmachen, mehrere Menschen umbringen und mit Stühlen schmeißen. Sogar fechten musste ich lernen. Und natürlich durfte ich vor allen Leuten sagen: »Sein oder nicht sein!« Ich hatte die Rolle zwar nicht absichtlich humorvoll angelegt, aber irgendwie ergaben sich bei den Proben immer mehr komische Momente, so dass irgendwann klar war, dass aus der Tragödie ein Comedystück werden musste. Und es hat funktioniert. Das Publikum hat gelacht. Später spielte ich noch für Mr Hutton in *Macbeth* und den Puck im *Sommernachtstraum*.

Und dann musste ich irgendwie Geld verdienen und sattelte auf das Comedypferd um, obwohl ich immer wieder mit dem Theater geliebäugelt habe. Zwischendurch hab ich zwar auch mal Regie geführt, aber AUF der Bühne hab ich mich immer am wohlsten gefühlt. Ob als Komiker oder als Darsteller. Und schuld hat nur Hamlet, denn damals habe ich Blut geleckt. Theaterblut.

U

Uni

»Der Junge soll studieren.« So hat es jedenfalls mein Vater gewollt, so wie viele Arbeiter es von ihren Nachkriegskindern erwartet haben, damit sie was Besseres werden. Also hab ich nach meinem Abi (Schnitt 2,9) mein Studium in meiner Heimatstadt begonnen. Dabei wusste ich bei der Einschreibung immer noch nicht genau, was ich eigentlich lernen wollte. »Irgendwas mit Englisch« sollte es sein. Dass ich mich im ersten Semester dann aber für Englisch und Italienisch auf Lehramt immatrikulierte, war rückblickend doch eher eine spontane Bauchentscheidung. Gott sei Dank wurde nur ein Semester später der Studiengang Theater-, Film- und Fernsehwissenschaft eingeführt, und der Rest meines Studiums bestand fortan aus Theater-, Film- und Fernsehgucken.

Am meisten beeindruckte mich übrigens am Einschreibungstag die Toilette meines Fachbereichs. Dort stand mit schwarzem Filzstift groß über dem Spiegel: BARBARA CARRERA HAT DICKE TITTEN! Hm, dachte ich, an diesem Ort sind also nicht nur kreative

Köpfe, die der Kalligraphie und der Rechtschreibung mächtig sind, nein, sie teilen auch noch meine Meinung! Was für ein wunderbarer Platz für die nächsten Jahre. Als ich dann in der Toilettenkabine innen am unteren Türrand die Aufschrift »Vorsicht: Limbotänzer« las, wusste ich endgültig: Hier bist du richtig!

Dass heutzutage im Ruhrgebiet fast jede größere Stadt eine Uni oder zumindest eine Fachhochschule beheimatet (in Herdecke gibt es sogar die erste Privatuni Deutschlands), wäre früher undenkbar gewesen. Aus Angst vor einer gebildeten Arbeiterklasse wurde mit dem Aufkommen der Industrie auch das Lehrangebot im Ruhrgebiet unterbunden: Hochschulen und Universitäten waren auf persönlichen Wunsch von Kaiser Wilhelm dem Zwoten nicht erlaubt. Wo käme man auch hin, wenn das Proletariat sich auf einmal Gedanken über die bestehenden Verhältnisse machen würde? Der einfache, kleine Mann hat zu arbeiten und das Denken den feinen Herren da oben zu überlassen.

Erst als in den sechziger Jahren die Zechen schlossen und abzusehen war, dass bei uns industriell bald Schicht im Schacht sein sollte, wurden schnell die ersten Unis an den Stadträndern hochgezogen. Eine Vermischung von Bildung und Arbeiterklasse konnte somit aber wieder nicht stattfinden, denn anders als in Münster oder Tübingen wurden die Hörsäle und Studentenunterkünfte nicht zentral in den Innenstädten gebaut, sondern schön in die Vororte ausgelagert. Besonders die Bochumer Uni ist eine richtige Fahr-Uni – hier müssen die bildungshungrigen Studenten lange Wege mit ihren Autos oder mit Bus und Bahn in Kauf nehmen. Das mag anfangs noch ganz praktikabel gewesen sein, aber zu dem Zeitpunkt, als ich anfing, dort zu studieren (Wintersemester 1988 bis »frag mich nicht, wie lange ...«) war die Parkplatzsituation schon dermaßen katastrophal, dass man mindestens eine halbe Stunde für die Parkplatzsuche einplanen musste. Und suchen heißt ja bekanntlich auch noch lange nicht finden!

Auch für die Ruhr-Uni Bochum gilt wieder: Schön ist was anderes – dafür lenken hier keine gemütlichen Kneipen und Cafés vom Lernen ab. Durch die Dezentralisierung hatten die Studierenden auch nie wirklich Einfluss auf das kulturelle Leben im Pott, vom Kneipenleben mal ganz zu schweigen. Das ist auch einer der Gründe, warum die Innenstädte bei uns so alt und unbelebt wirken: Während man in Münster überall aufpassen muss, dass man nicht von buchbepackten Fahrradrowdys über den Haufen gefahren wird und der Hauch von Wissbegierigkeit und Diskussionsbereitschaft durch die Gastronomie zieht, bleiben Studieren und das wahre Leben im Ruhrgebiet schön voneinander getrennt, damit sich da auch ja keine aufrührerischen Tendenzen in den Alltag mischen können. Dem Kaiser würd's gefallen.

Ach ja, abgeschlossen habe ich mein Studium übrigens auch. Zwar nicht mit summa komm geh weg niki lauda, sondern mit einer ehrlichen und meinen Bemühungen angemessenen und mich sehr befriedigenden Drei. Thema meiner Magisterarbeit war »Das Mittelalterbild in den Filmen Monty Pythons und Terry Gilliams unter besonderer Berücksichtigung des Parzivals von Wolfram von Eschenbach«. Über irgendwas musste ich ja schreiben!

Unterkunft

Leider kann ich nicht sagen, ob es gute Hotels im Ruhrgebiet gibt. Ich habe als Einheimischer nie eins gebraucht. Und wenn Freunde von mir zu Besuch kommen, pennen die meist eh bei mir im Wandschrank. Ich kann höchstens sagen, wo ich im Ruhrgebiet NICHT nächtigen würde:

Hotel Bender, Dortmund

Diese Herberge gehört trotz des wirklich einladenden Namens und der günstigen Lage (direkt hinterm Bahnhof) zu den übelsten Absteigen der Republik. Seine Karriere begann das Bender als Domizil für reisende Geschäftsleute. Danach war der Schritt zum lokalen Gangs-

Davor stehe ich mit meinem guten Namen.

tertreff nicht mehr weit, und das Hotel Bender mutierte zum Stundenhotel, viele sagen sogar, zum Minutenhotel. Es ranken sich Legenden um die Geschehnisse an diesem Ort der Ungemütlichkeit. Gäste wunderten sich über nicht abschließbare Türen oder Einschusslöcher in den Wänden. Auch soll irgendwann der ehemalige Besitzer im Keller eingemauert gefunden worden sein. Tot, versteht sich.

Nicht umsonst dichtete die Dortmunder Band Borsig Brothers den Text des Songs *Hotel California* auf *Hotel Bender* um. Frei nach dem Motto: »You can check out anytime you like, but you can never leave!«

Das Haus soll übrigens in den nächsten Jahren saniert werden und als Amtsgebäude dienen. Vielleicht findet man beim Aufräumen ja noch andere Karteileichen!

Hotel Eden, Bochum

Paradiesische Verhältnisse.

Nomen est omen? Hier ganz bestimmt nicht. Die versprochene paradiesische Unterkunft erweist sich bei genauerem Hinsehen eher als Vorhof zur Hölle. Wohnen kann man da aber sowieso nicht, da dass das Eden schon seit Jahrzehnten vor sich hin rottet (passenderweise liegt es in einer Straße mit dem schönen Namen Rottstraße).

Not knocking on heaven's door!

Übrigens gibt es auch außerhalb des Ruhrgebiets außergewöhnliche Hotels. Wenn Sie zum Beispiel mal in Schlehdorf am Kochelsee in Bayern sind, übernachten Sie doch im Gästehaus Killer, das praktischerweise direkt am dorfeigenen Friedhof liegt. Das Hotel ist übrigens freundlicher als sein Name. Ich empfehle die Hannibal-Lecter-Suite.

Hier ruhen Sie sanft.

Umfragen

In der Kortumstraße in Bochum stand eine junge Frau mit einem Klemmbrett, deren augenscheinlicher Beruf es war, vorbeieilende Passanten nach ihrer Meinung zu fragen (wahrscheinlich hatte sie keine eigene). Als sie einen ziemlich gestresst wirkenden Anzugträger ansprach, rief der genervt: »Ich hab keine Zeit, ich hab jetzt Pause!«

Es ist doch so: Auf Schritt und Tritt will irgendeiner immer irgendwas von dir wissen.

»Wie finden Sie eigentlich den Benzinpreis?«

»Auf der Anzeigetafel der Tankstelle, du Trottel«, möchte ich am liebsten antworten. Aber irgendwie habe ich dann doch Mitleid und lass es. Aber selbst wenn man zu Hause bleibt, wird man belästigt. Telefonisch. Denn wir alle werden angerufen. Von unbekannten Teilnehmern, die auf irgendeine mysteriöse Weise an unsere privaten Telefonnummern gekommen sind, wie genau, weiß nur die Deutsche Telekom. Und was die alles von uns wissen wollen:

»Haben Sie schon von unserem neuen Handytarif gehört?«

»Haben Sie sich schon mal Gedanken über eine neue Versicherung gemacht?« oder

»Wir machen da so 'ne Umfrage ...«

Alles irgendwelche Typen, die in irgendeinem unterirdischen Callcenter-Gulag sitzen und deren Lebensaufgabe es ist, MICH zu nerven. Es ist die Pest am Arsch! Aber ich habe einen Weg gefunden, wie man sich dieses Problems entledigen kann. Und dabei wird man nicht nur die ungewollten Anrufer los, sondern man hat dabei auch noch eine Menge Spaß! Es ist ganz simpel. Wenn Sie also unerwünscht angerufen werden: Stellen Sie sich doch einfach doof! »Wieso?«, denken jetzt viele. »Mach ich doch immer!« Nein, ich meine natürlich, absichtlich!

Irgendwann rief so einer von diesen Telefonspaßvögeln bei mir an. Ich wusste sofort, was das für ein Gespräch werden würde, denn er begann die Konversation mit dem großartigen Satz:

»Hallo, Sie haben vielleicht 500000 Euro gewonnen!«

Ich antwortete: »Och nö!«

»Wie, nö!?«

»Das ist mir zu viel Geld! Da hab ich hier gar keinen Platz für!«

Und jetzt kommt ja das Tolle: Die müssen ja dranbleiben!

»Ja, aber wieso ...?«

»Das ist für mich persönlich uninteressant!«

»Ja, äh, für was interessieren Sie sich denn!?«

»Ich interessiere mich für – rohes Fleisch! Schön blutig! Mjam, mjam!«

»Ja, ähm, das ist ja ...«

»Ich habe den ganzen Kleiderschrank voll. Und meine Garage.«

»Ja, äh, da weiß ich auch nicht, ob ...«

»Können wir uns mal treffen?«

Ich bin sicher: Der ruft mich NIE wieder an!

Sprachperle:

Uppsala ist eine Stadt in Schweden

Die Jugend von heute droht zu verrohen. Das ist mittlerweile bekannt. Und außerdem spricht keiner mehr richtiges Deutsch. Es gibt Menschen, die sich als selbsternannte Sprachpfleger darüber aufregen, dass die Jugendlichen lieber zu angloamerikanischen Ausdrücken greift, als ihre schöne deutsche Muttersprache zu verwenden. Ich las zum Beispiel mal einen kritischen Artikel über die zunehmende Verwendung des Ausdrucks »Upps«, der gerne als Lautuntermalung bei kleineren Missgeschicken verwendet wird. Die Retter des Deutschdiktats regten sich darüber auf, dass hier eine verbale Amerikanisierung drohe, statt »Upps« solle man doch lieber das zackige preußische »Hoppla« verwenden. Kleiner linguistischer Hinweis am Rande: Das beliebte »Upps« leitet sich von Uppsala ab, was wiederum eine Stadt in Schweden ist. Wenn also, dann ist »Upps« eine Skandinavisierung der deutschen Sprache. Da haben die Sprachschützer wohl ihre Schwedischhausaufgaben nicht gemacht!

Es wird auch kritisiert, dass Jugendliche zu oft das Wort »Sorry« benutzen anstatt das schöne teutonische »Entschuldigung«. Unter uns: Mir ist es kackenscheißegal, in welcher Sprache man sich entschuldigt, Hauptsache, die Blagen entschuldigen sich ÜBERHAUPT. Meinetwegen auf Klingonisch!

V

Vegetarier

In China essen sie Hunde und in Recklinghausen Pferde. Kein Scheiß: Diese Stadt beheimatet eine berühmte Pferdemetzgerei mit angeschlossenem Restaurant. Ich hab ja in meinem Leben schon alle möglichen Tiere gegessen: Kuh, Huhn, Schwein, Lamm, beim Australier sogar mal Känguru und Krokodil. Aber Pferd? Das stolze Ross? Die sind doch zum Reiten da. Wer züchtet denn Pferde, um sie nachher zu essen? Gulasch à la Fury? Black-Beauty-Ragout? Also wirklich! Aber bei uns im Pott wird halt gegessen, was auf den Tisch kommt – und selbst wenn wir am Morgen noch drauf geritten sind. Egal, der Hunger treibt's rein!

Ich muss mich an dieser Stelle mal outen: Ich bin Vegetarier. Das hat sich bei mir so ergeben. Ich hab irgendwann mal kein Rindfleisch mehr vertragen, und Schwein hat mir eh nie geschmeckt. Da hab ich gedacht: Kannste auch gleich alles andere Getier weglassen. Und siehe da: Eine Fischvergiftung sorgte dann dafür, dass ich inzwischen auch auf tote Meeresbewohner keinen Appetit mehr habe. Seitdem ich Vegetarier bin, muss ich mich allerdings dauernd rechtfertigen, und zwar nicht nur in Restaurants, sondern oft auch bei Freunden. So meinte einer meiner ältesten Kumpels irgendwann zu mir: »Du muss nicht denken, dass du als Vegetarier länger lebst, das kommt dir nur länger vor!«

Eins kann ich auf jeden Fall sagen: Man lebt nicht nur gesünder, man ERlebt auch viel mehr. Ich habe mal in Duisburg in einem Restaurant ein vegetarisches Gericht auf der Speisekarte gesucht: Fehlanzeige. Alles mit Fleisch. Ich hab die Karte quergelesen, von vorne nach hinten, von oben nach unten: Fleisch, Fleisch, Fleisch! Ich fragte die Bedienung:

»Haben Sie auch irgendwas Vegetarisches?«

Der Kellner meinte: »Nehmse doch einen Salat mit Putenbruststreifen!«

»Häh? Haben Sie mich nicht verstanden: Ich bin Vegetarier!«

»Ach so, ich dachte, Vegetarier essen GERNE mal Putenbruststreifen!«

Ich wollte dann auf Nummer sicher gehen und hab einen »Pilzpfannkuchen mit Salatbeilage« bestellt! Ich bekam das Teil und schnitt erwartungsvoll hinein. Und schon rollten mir die Speckwürfel entgegen!

»Herr Ober, da ist Speck drin!«

»Ja und? Da gehört Speck rein!«

»Aber ich bin Vegetarier! Ich esse kein Fleisch!«

»Dann müssen Sie eben mal 'ne Ausnahme machen!«

Nicht alle Vegetarier sind übrigens gleich. Es gibt feine Unterschiede. Da sind die sogenannten Pesco-Vegetarier, die zwar kein Fleisch essen, aber Fisch. Außerdem gibt es

Veganer, die bekannterweise alle tierischen Produkte ablehnen, also auch Milch, Eier, Käse und Butter. Und dann gibt es noch jene Vegetarier, die prinzipiell nur das essen, was die Natur freiwillig hergibt. Das, was man nicht pflücken muss, sondern was freiwillig vom Baum fällt. Also Fallobst. Völlig gewaltfrei. Diese Menschen nennt man dann anders. Nämlich: Bekloppte!

Das ist kein Scherz, der korrekte Fachbegriff für diese Art von Vegetariern ist Frutarier. Die Steigerungsform sind dann jene Menschen, die sich von Lichtnahrung ernähren, sogenannte Breatharianer. Die behaupten, dass der Mensch keine feste Nahrung benötigt, sondern alleine, durch die Aufnahme von Helligkeit überleben kann. Klingt interessant, aber ich glaube nicht, dass das funktioniert. Obwohl es schon praktisch wäre. Unterwegs hätte man immer eine Taschenlampe dabei, für den kleinen Hunger zwischendurch. Und wenn man nachts Appetit bekommt, geht man einfach zum Kühlschrank und macht die Tür auf und atmet das gutgekühlte Licht ein.

Verein

Der Begriff Verein begegnet einem bei uns überall. Vorm Bochumer Rathaus steht zum Beispiel eine riesige Glocke, die vom Bochumer Verein (siehe auch: Jahrhunderthalle) gestiftet wurde. Dieser Name steht allerdings für einen fusionierten Montagekonzern und nicht für einen gemütlichen Club, in dem man in seiner Freizeit gerne überdimensionierte Glocken gießt. Trotzdem ist

Verein DAS Synonym für das gemeinschaftliche und gesellige Leben im Pott. Vereine hier, Vereine da, Vereine in Amerika. Und eben auch bei uns.

Es gibt natürlich vor allem Sportvereine, die dann auch gleich mit dem Slogan werben: »Wo ist Sport am schönsten? Im Verein!« Alleine macht Fußball eben keinen Spaß – und keinen Sinn. Und Sportvereine reichen halt vom Vorort-Schachclub bis zu den großen Monsterorganisationen wie S04 oder BVB. Aber am Ende des Tages sind es doch die kleinen Vereine, die das wirkliche und ehrliche Stadtteilleben prägen: Musikcorps, Schützenvereine, Fanfarenzüge ... Eigentlich ist es wurscht, um was es geht, Hauptsache, man ist beisammen und weiß zu feiern. Und das wissen wir nicht nur, wir können es auch. Es vergeht kein Wochenende, an dem nicht irgendwo eine Gruppe seltsam gekleideter Knappen, Junggesellen oder Pfadfinder laut singend durch die Vorstadtstraßen zieht und irgendeinem veralteten Brauch frönt. Wie zum Beispiel dem Bochumer Maiabendfest, von dem auch keiner mehr genau weiß, worum es eigentlich geht, Hauptsache, man ist bereits am späten Nachmittag kollektiv kurz vor der Alkoholvergiftung.

Die Vereinskultur ist natürlich nichts Ruhrgebietsspezifisches, so was gibt's auch in Bayern oder im Sauerland. Aber auch hier macht es bei uns wieder mal die Masse auf engstem Raum. Geballte Vereinsmeierei eben. Ich weiß nicht, wie ich es geschafft habe, nie einem dieser Vereine beitreten zu müssen. Es kann auch an meiner angeborenen Unsportlichkeit liegen oder daran, dass ich immer Freunde hatte. Selbst die Bundeswehr wollte mich nicht haben und hat mich mit T5 als völlig untauglich nach Hause geschickt. Und? Hab ich mich beschwert? Vereine sind Tradition, und Tradition muss man entweder pflegen oder man wendet sich angewidert von ihr ab. Vielleicht hab ich aber was verpasst, wer weiß? Als ich nämlich im heißen Sommer 2003 nur in Unterhose meinem Nachbarn die Tür öffnete und mich für meine spärliche Bekleidung entschuldigte, sagte er nur: »Ach weißte, Hennes, ich mach über dreißig Jahre schon Vereinssport – ich hab ALLES gesehen!« Seit diesem Tag ist mir eines klar: Wenn im Ruhrgebiet jemand sagt: »Ich bin im Verein!«, ist das dasselbe, wie wenn in amerikanischen Filmen jemand sagt: »Ich war in Vietnam!«

Vermessung des Ruhrgebiets

STIRB LANGSAAM
(DIE HAARD)
MONSTER-
LAND
DINGENS-
KIRCHEN
FESTSPIELHAUSEN
HAM
LÜGEN
CASTOR
POLLUX
AND
EGGS
KLOAKE
CRANGER
KIRMES
WATTEN-
MEER
BORKUM
BORUSS-LAND
ROST-REST-FALEN
REIMT
SICH
AUF
ALTSTADT
"TITTEN"
UNBE-
HAGEN
BAYERN
BARMEN
BERGIGES LAND

W

Waltrop

Die Stadt der Schiffshebewerke. Hier werden also Schiffe gehoben, und zwar nicht vom Meeresgrund, sondern von einem Kanal in den anderen. Deshalb steht hier auch das berühmte Schiffshebewerk Henrichenburg, das 1899 vom Kaiser persönlich eröffnet wurde. Wenn Sie also ein passionierter Schiffshebe-Aficionado sind: ab nach Waltrop.

Ansonsten hat man sich dort irgendwann wohl mal so gelangweilt, dass man den sogenannten Pyjamaball ins Leben gerufen hat. Wer jetzt kollektiven Gangbang vermutet, soll sich gleich zur Beichte begeben. Denn das ist natürlich nichts Auszüglich-Anzügliches, sondern ein von der katholischen Landjugend veranstaltetes Karnevalsfest, bei dem die Anwesenden im Schlafanzug, Pyjama oder Nachthemd auflaufen. Wie praktisch: Da kann man die Nacht durchmachen und muss sich gar nicht mehr umziehen. Und eins kann man im verschlafenen Waltrop sowieso am besten: sofort pennen gehen.

Wanne-Eickel

Die Flottmannhallen in Herne erreicht man über die Straße des Bohrhammers. Bei dem Straßennamen weiß man doch gleich, wo hier der Hammer hängt, oder? Zwei Männer haben Herne berühmt gemacht. Der eine war Jürgen von Manger, der mit seiner Kunstfigur Adolf Tegtmeier der Stadt ein kabarettistisches Denkmal setzte und sowas wie der Urvater aller Ruhrgebietkomiker ist. Als Dank und zur Erinnerung stiftete die Stadt Herne den Kabarettpreis »Tegtmeiers Erben«, der alle zwei Jahre an nachwüchsige oder fast etablierte Komiker geht. Unter anderem auch an mich. Aber das war 2001, und da will ich an dieser Stelle nicht unbedingt drüber reden, weil man mir dann zu Recht Eitelkeit vorwerfen würde.

Der andere bekannte Herner heißt Willy Thomcyk und ist neben seiner medialen Prominenz als TV-Camper, Wurstwerber und Enfant terrible vor allem als Gründer des Theaters Kohlenpott zu würdigen. Keiner hat den Pott so polarisiert wie Willy. Ich mag ihn vor allem, weil er damals in der Fußballserie *Harry Hocker lässt nicht locker* mitgespielt hat, die ich immer mit meinem Papa sehen durfte. Da ging es um einen maroden Fußballverein im Revier – es war so was wie die erste deutsche Sitcom.

Seit ein paar Jahren gibt es neben dem »Kohlenpott« und dem schnuckeligen »Kleinen Theater« noch einen bemerkenswerten Spielort in Herne: den Mondpalast. Benannt nach dem vielbesungenen Mond von Wanne-Eickel. Hier werden Boulevardkomödien im breitesten Ruhrgebietsdeutsch gegeben.

Der Chef des Hauses ist durchaus ehrgeizig und lässt sich auch gerne mal vor Beginn der Aufführung als Prinzipal auf die Bühne seines Palastes bitten: Christian Stratmann, Bruder des Kabarettisten Doktor Stratmann, ist mittlerweile einer der erfolgreichsten Kulturschaffenden im Revier. Der Mann ist einfach Broadway. Neben einem weiteren Theater in Wanne hat er es sogar geschafft, ein Travestietheater im verschlafenen Herten zu eröffnen.

Im Sommer 2009 kandidierte Herr Stratmann für das Europaparlament. In meiner Straße hing an jedem Baum sein Gesicht. Nur leider für die falsche Partei. Was kommt als Nächstes, Herr Stratmann? Ein Schalkefanshop in Dortmund? Möglich ist dem Mann ja offenbar alles.

Für viele ist der Begriff Wanne-Eickel ein Synonym für Provinz, genau wie Buxtehude oder der Hochsauerlandkreis. Dabei steht kein anderer Ort so sehr für das Ruhrgebiet wie dieser. Selbst nach der Eingemeindung durch Herne im Jahre 1975 (siehe auch: Eingemeindung) hat man sich hier irgendwie seine Identität bewahren können, und sei es durch Sprüche wie: Lieber 'ne Kanne Bier als 'ne Wanne Eickel.

Wasser

»Was ich im Ruhrgebiet vermisse, ist das Wasser.« Meinte zumindest mein Kumpel Thomas aus Berlin, bevor ich ihn in die Emscher schubste. Klar, der Pott liegt nicht am Meer, und natürlich ist das Moseltal schöner als der

Rhein-Herne-Kanal. Aber wir haben echt was aus unserem Wasser gemacht. Westlich von Duisburg gibt es sogar eine Seenplatte zum Surfen – wenn man das denn kann! Und wenn man keinen eigenen See hat, dann flutet man eben einen ganzen Stadtteil, so wie in Dortmund-Hörde. Ist doch kein Problem: Hauptsache, nass. Mit dem Schiffshebewerk hat Waltrop sogar ein maritimes Industriedenkmal vorzuweisen, und Mülheim besitzt das Wassermuseum Aquarius. Aber so richtige Wellen schlägt das Ruhrgebiet nicht, und selbst Duisburg kann Städten wie Bremen oder Hamburg nicht das Wasser reichen – um hier gleich zwei abgedroschene Floskeln in einem Satz zu verwenden. Dafür sind wir einfach nicht flüssig genug.

Bei uns schippert man eben gerne über den Rhein-Herne-Kanal oder lässt sich von der weißen Flotte von Mülheim nach Kettwig über die Ruhr setzen. Dabei zieht man an den Bungalows und Villen der Reichen vorbei, sieht Reiher und Enten und begegnet Kanufahrern und Campern (nicht zwangsläufig in dieser Reihenfolge). Und dann legt man den Kopf in den Nacken und unterquert die gigantische Ruhrbrücke. Über einem donnert die A52 und die Einflugschneise des Düsseldorfer Flughafens, und man fühlt sich so richtig winzig.

Überhaupt: die Ruhr. Es ist schon etwas tragisch, dass der namensgebende Fluss unserer Region genauso heißt wie eine schlimme Durchfallerkrankung. Eigentlich sollte man froh sein, dass unsere Gegend nicht Dünnschissgebiet genannt wird. Dabei schwimmen längst wieder Lachse in der Ruhr. So scheiße kann es hier also gar nicht sein.

Mein persönlicher Lieblingsort am Wasser ist das ans Ufer des Rhein-Herne-Kanals gebaute Amphitheater in Gelsenkirchen. Wenn bei sommerlichen Konzerten hinter der zeltbedachten Bühne lautlos die Binnenschiffe im Sonnenuntergang vorbeiziehen, ist die Ruhrpottromantik perfekt. Da können Sie mir die Bodenseebühne in Bregenz nackend um den Bauch binden, ich würd nicht tauschen wollen. Wem das nicht genügt, der fährt eben die drei Stunden an die Nordsee. Oder noch besser: nach Holland. Ist ja noch näher. Für irgendwas muss dieses Land ja gut sein.

Weihnachten

Oder: Wie ich Komiker wurde

Wenn es weihnachtet wird mir immer warm ums Herz. Denn ich erinnere mich an eine bestimmte Situation in der Adventszeit. Ich war noch in der Grundschule, es muss also so um 1975/76 gewesen sein. Unsere Klassenlehrerin Frau Eichholz hatte die tolle und völlig innovative Idee, dass jeder von uns Kindern nach vorne ans Pult kommen sollte, um ein Weihnachtslied zu singen. Mein Problem war, dass ich damals ziemlich weit hinten saß, und als ich dann an der Reihe war, hatten meine Mitschüler alle mir bekannten Weihnachtslieder bereits vorgetragen. Jetzt konnte ich also nur noch ein bereits gesungenes Lied wiederholen oder musste mir etwas einfallen lassen. Ich entschied mich in einem spontanen Anflug von Kreativität für Letzteres. Ich stand also vor meiner Klasse, Frau Eichholz hinter mir, und ich spüre heute noch den Erwartungsdruck, der damals im Raum stand. Dann begann ich zu singen: »Mein Vater war ein Weihnachtsmann und mir liegt's auch im Blut!«

Weiter kam ich nicht, denn jetzt passierten zwei Dinge fast gleichzeitig: Meine Mitschüler fingen laut an zu lachen, und im nächsten Moment bekam ich eine schallende Ohrfeige von Frau Eichholz. Das Lachen erstarb sofort und wich einer peinlichen Stille.

Das verstohlene Gekicher, das mich begleitete, als ich an meinen Platz zurückschlich, werde ich nie vergessen. Es ist das schönste Geräusch, das ein Komiker erzeugen kann. Nicht etwa das lauthalse Lachen des Publikums, das Schenkelgeklopfe oder der zustimmende Beifall. Nein, das Lachen hinter vorgehaltener Hand, das verbotene Lachen, bei dem einem das Gesicht rot anläuft und die Tränen in die Augen schießen. Das ist das schönste Lachen. Zumindest für mich.

Und ich war damals der Held meiner Klasse, weil ich unbewusst eine völlig langweilige und spießige Veranstaltung wie das Absingen völlig durchgenudelter Weihnachtslieder mit meinem Vortrag ad absurdum geführt hatte. Ich glaube, in diesem Moment wurde der Grundstein für meinen späteren Beruf gelegt. Das Schlimme war nur, dass Frau Eichholz mir und der Klasse nicht gesagt hat, WARUM sie mir eigentlich vor versammelter Mannschaft eine gescheuert hatte. Das erfuhr dann aber meine Mutter, die meine Lehrerin am nächsten Tag in der großen Pause wutentbrannt zur Rede stellte. Dabei kam heraus, dass meine Klassenlehrerin in meiner parodistischen Darbietung die »Verunglimpfung christlichen Liedguts« sah.

Die Bedeutung dieser Aussage war mir damals natürlich nicht recht verständlich. Erst Jahre später wurde mir klar, was ich damals eigentlich getan hatte. Ich hatte die Autorität meiner Lehrerin öffentlich angegriffen, als ich meine Klasse zum Lachen brachte. Und heute weiß ich: DAS war Comedy. Denn richtig guter Humor führt die Mächtigen vor und belustigt die Massen. Das mögen die Herren eben nicht! Deshalb ist Humor auch so wichtig für eine gesunde Gesellschaft: Man darf sich über die bestehenden Verhältnisse lustig machen – das ist natürlich gefährlich für das System. Was glauben Sie denn, warum es so wenig Comedy-Clubs in Teheran gibt?

Auf jeden Fall war diese öffentliche Ohrfeige wichtig für mich. Sie hat mich geschmerzt und gleichzeitig geprägt.

Viele Jahre später, als ich schon längst als Komiker meine Brötchen und deren Belag verdiente, habe ich Frau Eichholz wiedergesehen. Am Busbahnhof in Bochum. Ich habe sie angesprochen, und sie konnte sich sogar an mich erinnern. Dann nahm ich meinen Mut zusammen und erzählte ihr unsere gemeinsame Adventsgeschichte. Ich erwähnte natürlich auch die Stelle mit der »Verunglimpfung christlichen Liedguts«. Es war ihr sichtlich unangenehm, denn immerhin war ich mittlerweile erwachsen und kein wehrloses Kind mehr und sie eine schon ziemlich in die Jahre gekommene Seniorin. Dann sah ich ihr fest in die Augen und sagte: »Wissen Sie, Frau Eichholz, damals konnte ich nicht auf Ihre Ohrfeige reagieren, aber heute, über dreißig Jahre später, werde ich das tun, was ich damals hätte tun sollen. Ich werde das tun, was ein guter Christ tun würde: Ich verzeihe Ihnen!«

Dank Frau Eichholz und ihrer öffentlichen Ohrfeige bin ich Komiker geworden. Ist das nicht eine schöne Weihnachtsgeschichte? Ich finde schon, denn es ist meine!

Witten

Es gibt einen Grund, warum das Ruhrgebiet Ruhrgebiet heißt – weil nämlich der Ursprung der Industrie in Witten lag. Und Witten liegt an der Ruhr. Zum Glück. Sonst müssten wir jetzt vielleicht immer Emschergebiet sagen.

In Witten gab es die erste Zeche im Pott: die Zeche Nachtigall im Muttental. (Vorsicht bei der Aussprache, und nicht aus Versehen die Anfangsbuchstaben vertauschen!) Hier fing alles an. Wenn man den Aufzeichnungen glauben will, sollen dort schon im Jahr 1000 n. Chr. Menschen nach Kohle gebuddelt haben. Ich stell mir das im Nachhinein so vor wie in den Wildwestfilmen, wenn in den flachen Flüssen nach Gold geschürft wurde. So muss das damals in Witten auch abgegangen sein. 1714 wurde dann professionalisiert und natürlich auch die arbeitende Bevölkerung ausgenutzt, so was gehört zur Industrialisierung ja immer mit bei. Das schwarze Gold lag hier nicht besonders tief und war sehr einfach auszugraben. Und schon war das Ruhrgebiet entstanden.

Heute kann man sich im Tal umschauen. Keine Angst, das geht alles sehr schnell, die erhaltenen Gebäude sind alle sehr klein, und der begehbare Stollen ist mit 130 Metern sehr übersichtlich und ziemlich niedrig. Irgendwie hat man dort immer das Gefühl, als würden jeden

Moment sieben kleinwüchsige Bergarbeiter mit Zipfelmützen um die Ecke biegen und singen: »Hey hoh, hey hoh, wir sind vergnügt und froh!« Ich fühl mich dort jedenfalls sauwohl. Gut, ich bin auch nur eins dreiundsechzig.

X

Xanten

... gehört nicht zum Ruhrgebiet. Genauso wenig wie Moers, Voerde, Neukirchen-Vluyn oder Wesel. Alles, was sich westlich vom Rhein befindet, gehört für den echten Ruhri zum Niederrhein. Oder wie wir auch gerne sagen: kurz vor Holland.

Y

YPS

Rettet die Urzeitkrebse

Die Bude (siehe auch: Bude) am Anfang der Große-Weischedestraße in Bochum-Laer war für mich als Kind nicht nur sozialer Treffpunkt, Getränkeausgabe und Garant kalorienreicher Zwischendurchmahlzeiten wie Fruchtgummi-Smilys und Lakritzschnecken. Einmal pro Woche, genauer gesagt freitagnachmittags, pilgerte ich dorthin wie andere Menschen sonntags zum Gottesdienst. Denn dort lag ES für mich bereit: das *YPS*-Heft.

Den jüngeren Lesern muss ich kurz erklären, was es mit dieser Publikation auf sich hat. Besucht man heute eine Bude, überfällt einen eine Flut von Heften, die zusammen mit irgendwelchem Schnickschnack in Plastikfolie eingeschweißt sind. Meistens handelt es sich dabei um irgendein Spielzeug, je nach Zielgruppe und deren fortgeschrittenem Alter kann es aber auch Schmuck, Handyzubehör oder Schminke sein. Einmal enthielt die Sommerausgabe eines Mädchenmagazins sogar Flip-Flops. Schuhe! In einem Heft!

In meiner Kindheit gab es so was auch, aber nur in einem einzigen Heft, und das hieß *YPS*. Das Extra, das man dazubekam, nannte man Gimmick. Die Momente beim Aufreißen der Plastikfolie zählten zu den schönsten und spannendsten meiner Jugend.

Besonders toll fand ich ja das Geheimagentenzubehör, denn wie jeder kleine Junge wollte ich natürlich James Bond sein. Oder zumindest sein kleiner Bruder Jimmy Bondi aus den *DUDU*-Filmen. Mein Heiligtum war die Plastikbrieftasche, in der alles verstaut war, was man als Superagent im Alltag benötigte: Phantombilder, um die Gesichter der gesuchten Staatsverbrecher zusammenzulegen, Codescheiben, um geheime Nachrichten zu verschlüsseln, und natürlich der Agentenausweis, die offizielle und amtliche Legitimation, die einen internationalen Spitzenspion vom gemeinen Provinzschnüffler unterschied. Auch ich habe damals meinen *YPS*-Agentenausweis gewissenhaft ausgefüllt, ein wenig bei der Körpergröße geschummelt, ihn mit meinem Fingerabdruck versehen und ein Foto reingeklebt. Ich habe sogar extra das Lichtbild aus meinem Schwimmpass ausgeschnitten, um den Agentenausweis zu vervollständigen. Ich durfte fortan zwar nicht mehr schwimmen gehen, aber das war mir scheißegal. Und natürlich hab ich das Teil IMMER dabeigehabt, man konnte ja nie wissen, wann einem eine scharfe russische Doppelagentin auf dem Schulhof begegnete. Aber auch im Alltag war dieser Ausweis nützlich. Auf manche Menschen muss es schon befremdlich gewirkt haben, wenn so ein kleiner, bebrillter, dicker Junge mit Scoutranzen sich beim Bäcker vordrängelte, einen seltsam bedruckten Wisch hochhielt und dabei laut verkündete: »Lassen Sie mich durch, ich bin Geheimagent!«

Auch wenn der Unterhaltungswert und die Faszination der einzelnen *YPS*-Gimmicks nie besonders lange anhielten, so freute ich mich doch jedes Mal auf die nächste Ausgabe, die im Heft immer auf der vorletzten Seite angepriesen wurde. Nie werde ich vergessen, wie aufgeregt ich war, als das *YPS*-Zelt angekündigt wurde. Endlich! Eine eigene Wohnung! Nie wieder zu Hause wohnen! FREIHEIT!

Doch der Traum vom autarken Leben ohne elterliche Aufsicht platzte jäh, als ich dann das Zelt eine Woche später in den Händen hielt: Es war nichts anderes als eine an beiden Seiten aufgeschnittene grüne Mülltüte. Was mich natürlich trotzdem nicht daran gehindert hat, das Zelt auf der Wiese hinter unserem Wohnblock aufzubauen. Nach nur wenigen Stunden mühevoller Arbeit stand ich dann endlich vor meinem mit Stöcken und Wäscheleine befestigten und zwischen zwei Bäumen behelfsmäßig fixierten Domizil. Ich sah mich schon als Hugh Hefner von Bochum-Laer, der im Bademantel die vorbeigehenden Mädchen zu einer Capri-Sonne in seinen Plastikbungalow einladen würde, um ihnen seine Fußballbildchensammlung zu zeigen. Natürlich hielt das Gebilde nur genau einem Windstoß stand, und der grüne Plastiksack verabschiedete sich himmelwärts Richtung Bochum-Langendreer, wo er dann für ein UFO gehalten wurde.

Aber das beste und erstrebenswerteste Gimmick waren natürlich die legendären Urzeitkrebse, mikroskopisch kleine Lebewesen, die schon existierten, lange bevor der Mensch überhaupt die Erde betreten hatte – also quasi die Pioniere der Evolution. Sämtliche Kriege, Naturkatastrophen und Währungsreformen hat diese Spezies unbeschadet überstanden, als wolle sie mit ihrer Resistenz sagen: »Uns doch egal!« Der lateinisch versierte Biologe nennt diese Tiere übrigens auch Artemia salina, auf Hochdeutsch: Salzkrebse. Aber Urzeitkrebse klingt natürlich viel spektakulärer. Oftmals wurden sie auch als »sea monkeys« verkauft, meist mit der gezeichneten Darstellung einer ganzen intakten Familie mit Vater, Mutter und Kindern, die mit grinsenden menschlichen Gesichtern dem Betrachter lächelnd zuwinkten. Nichts wäre dem realen Aussehen und Verhalten dieser primitiven Lebensform allerdings ferner gewesen.

Dem *YPS*-Heft lagen diese Viecher in abgepackter Pulverform bei, einer Ur-Tütensuppe nicht unähnlich. Die getrockneten Eier rührte ich in ein Glas Wasser ein und wartete fortan gespannt auf die Entstehung des neuen Lebens. Und tatsächlich kam man sich beim ersten Anzeichen von Bewegung und Leben im Glas wie der Schöpfer vor. Oder zumindest wie ein wahnsinniger Wissenschaftler, dessen künstliche Kreation zum ersten Mal die Augen aufschlägt. Ich muss damals wie Doktor Frankenstein persönlich durch die elterliche Wohnung geflitzt sein: »Meine Kreaturen! Sie LEBEN! HEUREKA!«

Was auch den tobenden Mob vor meinem Fenster erklärt hätte, der sich später am Abend mit Fackeln bewaffnet vor unserem Haus einfand und laut forderte: »Verbrennt sie!«

Am Anfang kannte meine Euphorie keine Grenzen. Doch schon nach wenigen Tagen ließ meine Begeisterung über meine neuen Mitbewohner rapide nach. Denn so richtig was gemacht haben die Urzeitkrebse nämlich nicht, außer autistisch im Glas von einer Seite zur anderen zu schwimmen. Außerdem wurden die Viecher zunehmend größer, ein Umstand, der mir damals ziemliche Angst machte. Bald war kaum noch Platz im Glas, und irgendwann hätte ich noch mit jedem einzelnen von ihnen Gassi gehen müssen. Es war also just diese fatale Kombination aus Langeweile und Besorgnis, die mich zu jenem Schritt bewegte, den wohl jedes Kind tun musste, das Urzeitkrebse besaß: der finale Gang zum Klo!

Ich gebe es hiermit zu, ich habe meine mühsam gezüchtete Urzeitkrebsbrut einfach in die Kanalisation gespült. Vollkommen herzlos und ohne eine Spur von Anteilnahme. Erst viele Jahre später holte mich mein schlechtes Gewissen ein. Ich stellte mir vor, wie es diesen hilflosen Wesen wohl ergangen sein musste. Doch dann erinnerte ich mich. Waren die Urzeitkrebse nicht hartnäckige Überlebensstrategen, die seit Jahrtausenden allen Widrigkeiten trotzten? Dann konnten sie vielleicht sogar die Bochumer Kanalisation überstehen. Wer dort überlebt, schafft es überall. Vielleicht hatten sich die Kollegen ja frei nach Darwin als »fitteste Überleber« sogar an ihre Umgebung angepasst und weiterentwickelt. Kann doch sein, dass meine Urzeitkrebse die Kloake genossen, dort siedelten, sich vermehrten, mehrere Entwicklungsstufen durchliefen und irgendwann als menschenähnliche Wesen durch die Gullydeckel an die Oberfläche gelangten, um fortan ganz normal unter uns zu leben. So stellte ich mir das zumindest zu meiner Beruhigung vor. Beweisen konnte ich diese zugegeben ziemlich gewagte evolutionäre Theorie allerdings nie. Bis ich im Fernsehen einmal einen Auftritt der Kelly Family sah. Da wusste ich: Sie haben es geschafft!

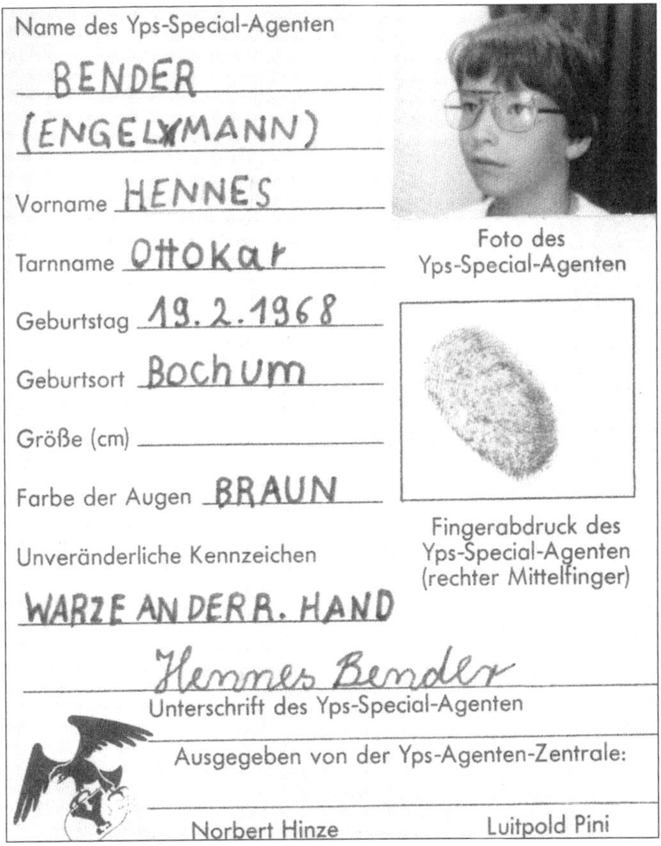
Name des Yps-Special-Agenten
BENDER
(ENGELMANN)
Vorname HENNES
Tarnname Ottokar
Geburtstag 19.2.1968
Geburtsort Bochum
Größe (cm)
Farbe der Augen BRAUN
Unveränderliche Kennzeichen
WARZE AN DER R. HAND

Foto des Yps-Special-Agenten

Fingerabdruck des Yps-Special-Agenten (rechter Mittelfinger)

Hennes Bender
Unterschrift des Yps-Special-Agenten

Ausgegeben von der Yps-Agenten-Zentrale:

Norbert Hinze Luitpold Pini

Z

Zechen

Warum fahren die Menschen nach Frankreich an die Loire? Um dort die leerstehenden Schlösser zu besichtigen, die von den reisenden Königen heimgesucht wurden. Und warum fahren die Menschen zu uns an die Ruhr? Wegen der leerstehenden Zechen, die vom Strukturwandel heimgesucht wurden. Früher kam man zum Arbeiten dorthin, heute kommt man eben zum Gucken.

Es gibt zwar unendlich viele echte Zechen im Pott, aber den besten Überblick über den Kohleabbau erhält man ausgerechnet im Bergbaumuseum in Bochum. Hier wurde allerdings nie auch nur ein Gramm Kohle abgebaut, die Stollen sind künstlich und nur zu musealen Anschauungszwecken ausgehoben, und selbst der grüne Förderturm wurde extra mit dem Hubschrauber aus Dortmund eingeflogen. Also alles reiner Beschiss, könnte man sagen, aber gut gemacht. Lassen Sie sich also ein paar Stunden bescheißen, in dem Glauben, hier wären wirklich mal Blut, Schweiß und Tränen geflossen.

Die Geschichte des echten Bergbaus begann in Witten in der Zwergzeche Egbert im Muttental (siehe auch: Witten). Sie ist richtig putzig und niedlich im Vergleich zur monströsen Wuchtigkeit der Zeche Zollverein im Essener Norden, unserem Weltkulturerbe (siehe auch: Industriekultur). Von ihrer schieren Größe her ist die Zeche Zollverein bestimmt die beeindruckendste Anlage. Aber meine persönliche Lieblingszeche ist die Zeche Zollern in Dortmund. Wenn man nicht wüsste, dass sich hier die Kumpels den Arsch abmalocht haben, könnte man fast glauben, diese Jugendstilarchitektur hätte zur Erholung gedient.

Zechen

(Tätigkeit, siehe: BIER)

Zum Schluss noch 'n Kurzer zum Absacken:

Ein Düsseldorfer, ein Kölner und ein Dortmunder gehen in eine Kneipe. Der Düsseldorfer: »Ein Alt, bitte!«

Der Kölner: »Für mich ein Kölsch!«

Der Dortmunder: »Also, wenn ihr alle kein Bier trinkt, nehm ich 'ne Cola!«

Grüße und Dank

Heinz-Peter Lengkeit, meinem Koautor des Herne-bitte-gerne-Textes und Freund. Markus Beutner-Schirp für die inspirativen Gespräche. Petra Hermanns fürs Ruhebewahren. Susanne Buhr für alles. Peykan Razani für die Fotos auf Seite 67, 68 und 236, Stefan Wirkus, Martin Huch fürs Coverfoto. Außerdem grüße und danke ich Tobias Mertl, Ingo Börchers, Moses W. und Matthias Jung und Bärbel aus Essen. Daniel Oertel und Ulrike Seidemann für Zuckerbrot und Peitsche.

Besonderer Dank gilt den Bewohnern des Ruhrgebiets. Falls Ihr es noch nicht wusstet: Ihr seid die Besten!

DVDs, CDs, Live-Termine und alles
andere von Hennes Bender gibt es im
Internet unter **www.hennesbender.de**!
hennes bender
KOMM GEH WEG
LIVE
HENNES BENDER
Live in der Stadt, die es nicht gibt
Hennes Bender
EGAL GIBT'S NICHT
LIVE

JETZT NEU

Aktuelle Titel | Login/ Registrieren | Über Bücher diskutieren

Jede Woche vorab in einen brandaktuellen Top-Titel reinlesen, ...

... Leseeindruck verfassen, Kritiker werden und eins von 100 Vorab-Exemplaren gratis erhalten.

vorablesen.de